つゆつきと晴《は》れの日、卦《け》の日のつまみ細工

土田由紀子

日本ヴォーグ社

はじめに

数年前、公民館の２間の和室で始めたつゆつきのつまみ細工教室。お母さんが作ってくれる髪飾りを、隣の部屋で遊びつつ時々覗きに来る子どもたちの笑顔が嬉しくて、もっとたくさんの方に伝えたいと思うようになりました。今では場所が変わり、毎月100人以上の方がお教室に通ってくださっています。本書ではそんなたくさんの方の「ここが苦手」を解決する、つゆつき流のコツやポイントをたくさん盛り込みました。

ピンセットで作るお花は小さく可憐で、でも時にはびっくりするほど華やかな花を、そして大切な人の笑顔を咲かせます。つまみ細工から、たくさんの笑顔が生まれますように。

土田由紀子

つゆつき

Contents

HOT LINE
ホットライン

この本に関するご質問は、お電話またはWEBで

書名／つゆつきと　晴れの日、卦の日の　つまみ細工

本のコード／NV70296

担当／西津　美緒

TEL.03-3383-0634（平日13：00 ～ 17：00受付）

WEBサイト「手づくりタウン」 https://www.tezukuritown.com

※サイト内「お問い合わせ」からお入りください（終日受付）。

※WEBでのお問い合わせはパソコン専用になります。

パッチンどめ

10×10 ㎝の端切れで作れるパッチンどめ。
洋服の余り布でおそろいの髪飾りを作って
もかわいい。

作り方／p .73
つまみ方／p .29

花ゴム

くるみボタンで簡単にできる花のヘアゴム。
袋つまみは、くるみボタンの上に直接花びらを葺《ふ》きます。

作り方／p .74
つまみ方／6～8→ p .19・p .42、9・10→ p .41

小花ネックレス

伝統的なつまみ細工に使われる絹の羽二重で作った小さな花をネックレスに。華奢な印象は羽二重ならではの質感です。

作り方／p.75
つまみ方／p.19

ひな菊のコーム

淡いグラデーション布の、ニュアンスが美しい花。花芯には透明ビーズを合わせて、より女性らしいイメージに。

作り方／p .76
つまみ方／花→p .19・p .21、葉→p .42

紅葉の髪飾り

羽二重でつまんだ剣つまみは、女性らしくもきりっとした印象に。型崩れしにくく、着物のおでかけにもぴったり。

作り方／ p .77
つまみ方／ p .31・ p .42

一輪花

基本の剣つまみを重ねるだけで豪華な大輪の花に。2Way 金具をつけて、ブローチにも髪飾りにも。

作り方／ p .75
つまみ方／ p .29

Point Lesson

※土台の反り返りが気になる場合はボンドを数カ所つけてCD ケースに固定してから始めましょう。

半くすの葺《ふ》き方

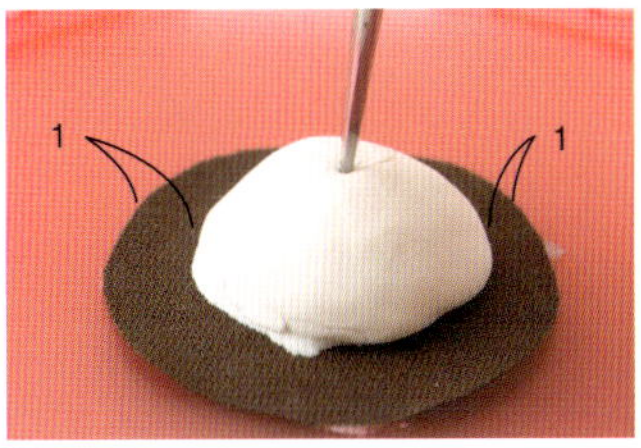

1. 土台の合皮の上に紙粘土で高さ1cmの丘を作り、中心にピンセットで印をつけます。

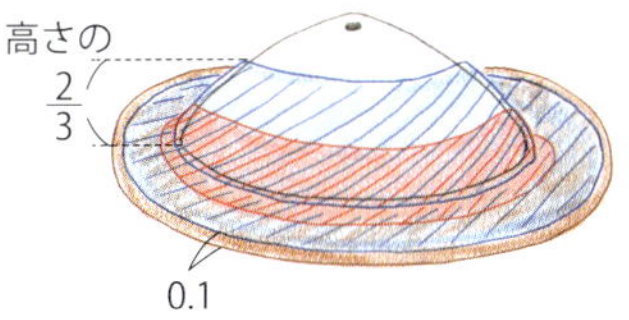

2. 合皮の端の0.1cm内側から紙粘土の2/3の高さまでボンドを塗ります。合皮と紙粘土の境目には多めに塗ります。

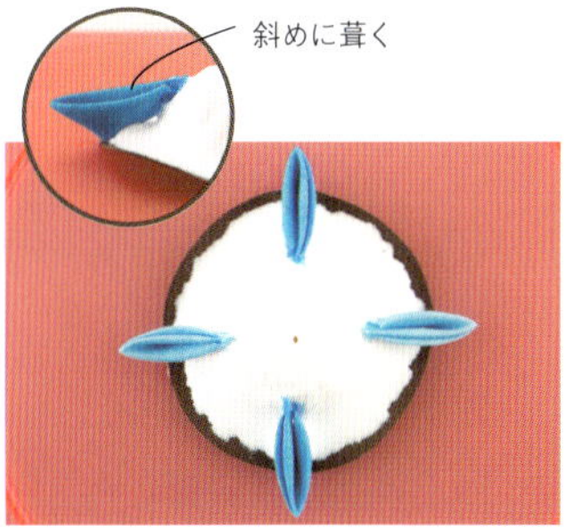

3. 花びらの後ろ端を合皮の端に合わせ、中心を基準に十字に葺きます。

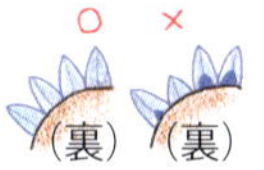

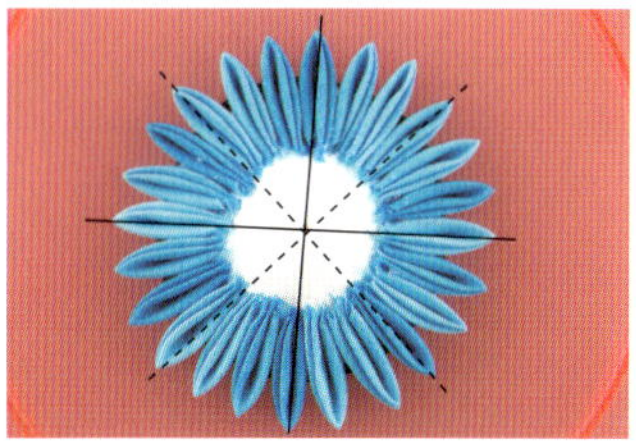

4. 3で葺いた花びら(+)の間に1枚ずつ花びらを葺き(-----)、それぞれの花びらの間に2枚ずつ花びらを葺きます。花びらの後ろ端が合皮の端にぴったり合うように、CD ケースを下からのぞきながらピンセットで調整しましょう。

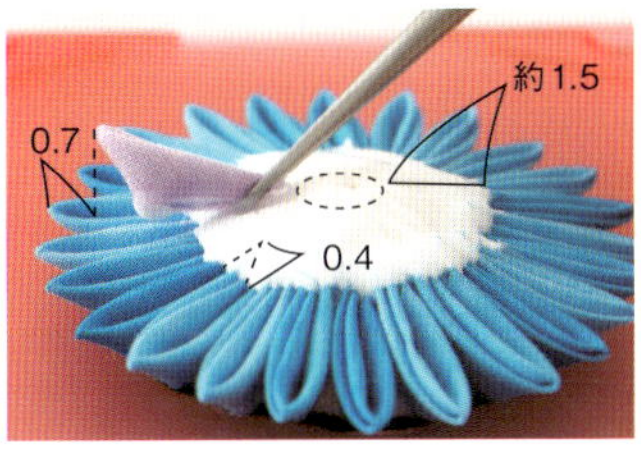

5. 1段目の花びらに0.4cm重ねて紙粘土にボンドを塗ります。真上から見ながら、1段目の花びらから0.7cm内側に2段目の花びらを葺きます。

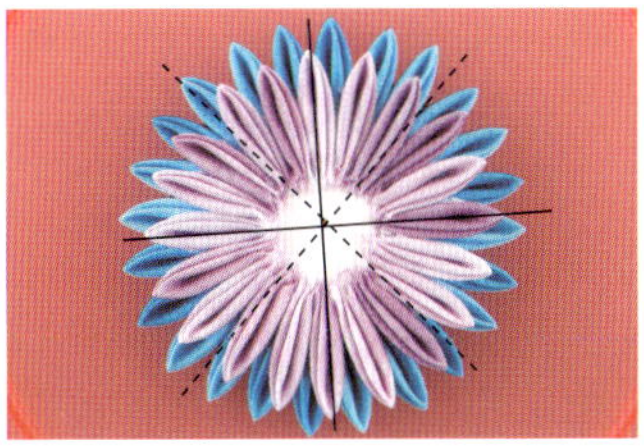

6. まず1段目の花びらの間に十字に花びらを葺き(+)、十字の間にバランス良く4枚ずつ花びらを葺きます。

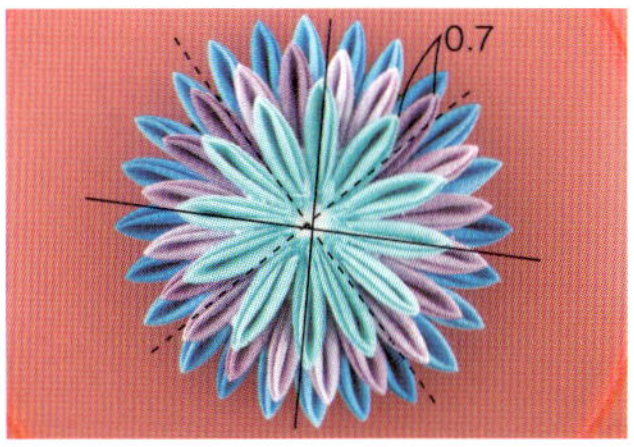

7. 3段目も5と同様にボンドを塗ります。始めに1段目・2段目の花びらと重ならないように十字に葺き(+)、十字の間に2枚ずつ花びらを葺きます。

8. 4段目は小さい布でつまんだ花びらを使います。3段目と重ならないように十字に葺き、十字の間に1枚ずつ花びらを葺きます。中心に花芯を飾れば、できあがり。

私の一番好きな時間は、お茶の時間です。用事を終えて、家族が居間に集まりお茶をする。そのなにげない時間が子どもの時からとても好きでした。そして今はその時間に家族の横でつまみ細工をしている私がいます。初めてお教室に来ていただいた方に「慣れてきたら居間でご家族とおしゃべりしながらできますよ」とお伝えすると「本当ですか?」とよく笑われます。でも本当に慣れてくるとのんびりしている時、手を動かしたくなるので不思議。そう思うのはきっとつまみ細工の道具が、ピンセットとはさみ、そしてのりなど場所をとらない身近なものだから。

江戸時代から日本に伝わるつまみ細工は、リネンやコットンなどの『洋』の布で作っても、どこかにちゃんと『和』の優しさや凛とした美しさを持っています。身近な用具で、身近な材料で。晴れの日だけでなく、普段の日にも使えるように。そんな、毎日に寄り添うつまみ細工を楽しんでいただけたら嬉しいです。

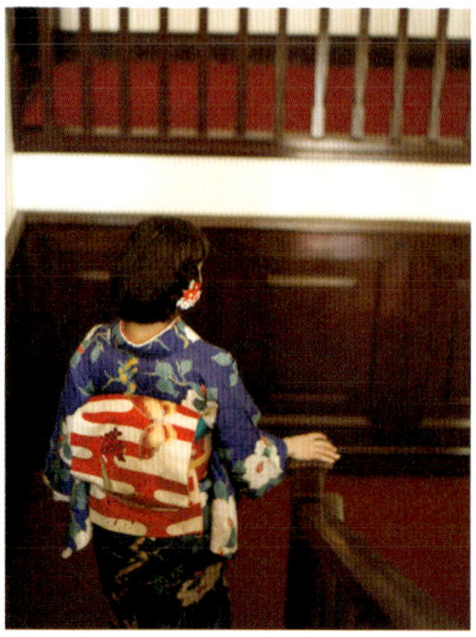

Chapter1

つゆつきのつまみ手帖

花の種類

◉丸つまみの仲間

基本の丸つまみ
p .19

二重の丸つまみ
p .21

桜
p .23

ききょう
（水仙）
p .23

二段の丸つまみ
p .21

祝い梅
p .25

ひまわり
（コスモス）
p .27

重ねる丸つまみ
p .21

◉バラ・アジサイ

庚申《こうしん》バラ
p .35

玉バラ
p .37

角バラ
p .39

袋つまみ（アジサイ）
p .41

◉剣つまみの仲間

基本の剣つまみ
p .29

二重の剣つまみ
p .31

二段の剣つまみ
p .31

つゆつきの花
p .33

つまみ細工の作業の流れ・ポイント

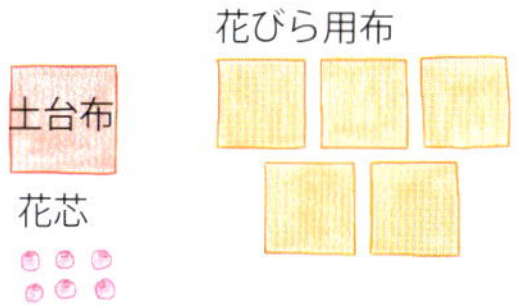

1. 材料と用具を用意する

土台布・花びら用布を指定の大きさにカットします。花びら用布は3㎝角のものが多いので、カットしてストックしておくと便利です。

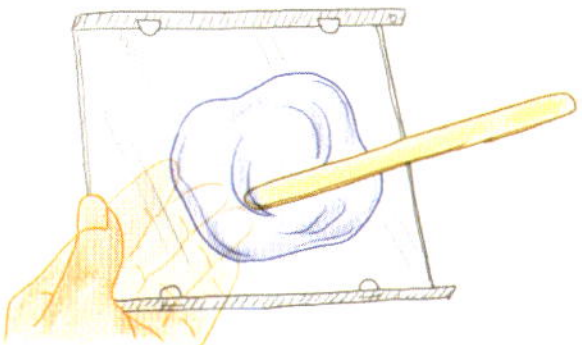

2. のり台の準備をする

CDケースを2枚に分け、穴の開いていない方の中面にのりを出して約3㎜の厚さに平らにのばします。

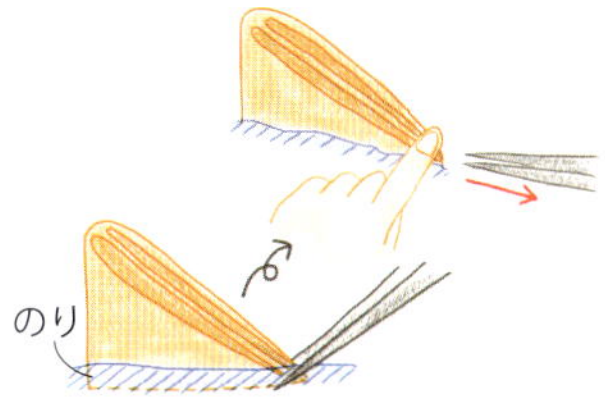

3. 花びらをつまみ、のりの上に置く

p.19 ～ 42のつまみ方を見て花びらをつまみ、2で用意したのりの上に置きます。ピンセットを離す時に指を軽く添えると、先が開くのを防ぐことができます。

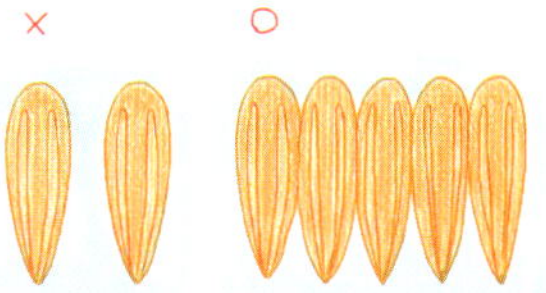

4. のりの上で花びらを休ませる

のりが花びらに染み込むまで15分ほど花びらを休ませます。花びら同士のすき間ができないように詰めて並べておきましょう。離して置くと、休ませている間に布が開きやすいので注意。

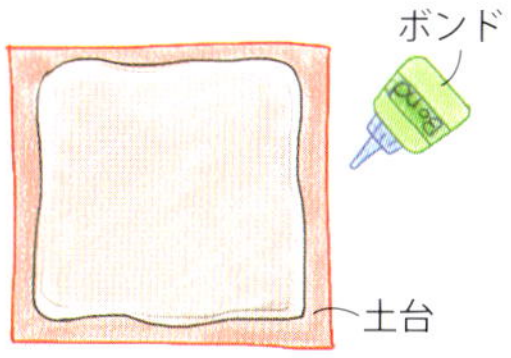

5. 土台の準備をする

土台布にボンドを平らに薄くのばします。土台布の反り返りや縮みが気になる場合は、四隅にボンドを少量つけて指で押さえ、CDケースに固定しましょう。

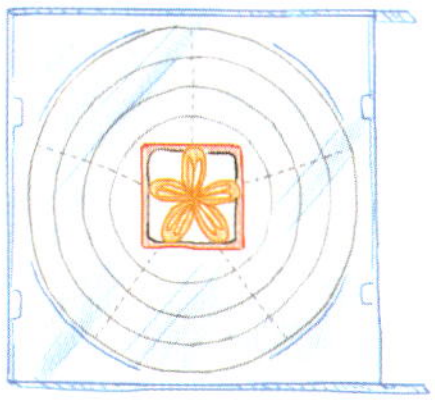

6. 土台に花びらを置く(葺《ふ》く)

花びらを土台の上に置き、花の形を作ります。これをつまみ用語で「葺《ふ》く」といいます。CDケースの下に花びらガイドシート(p.71・p.72)をセットし、ガイド線を目安にして花びらの向きを整えましょう。

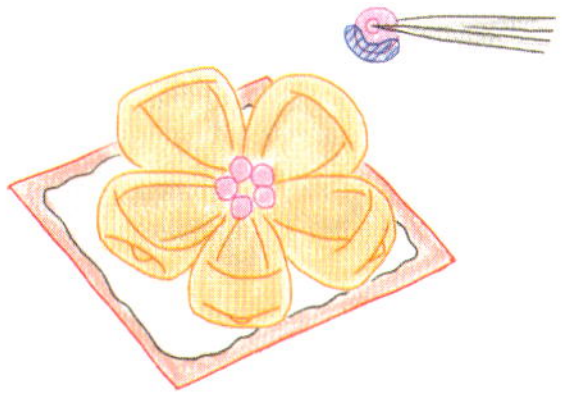

7. 花芯を飾る

ビーズやペップで花芯を飾ります。花芯の飾り方はp.17を参照。

8. 土台布をカットする

1～2日乾燥させてボンドが完全に乾いたら、花びらの際に沿って土台布をカットします。

9. アクセサリーパーツをつける

p.65 ～の「作品の作り方」を参照して、アクセサリーパーツをつけて仕上げます。

材料と用具

つまみ細工は、専門的な用具の代わりに家にある用具や材料で気軽に始められます。
ここでは、つゆつきのワークショップでご用意する用具と材料を紹介します。

用具【作業セット】作業全体を通して使います。

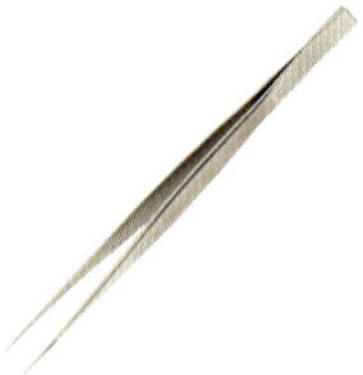

ピンセット
花びらをつまむ時や、花の形を作る時に使います。先がとがっていて、内側にすべり止めがついていないタイプがおすすめです。

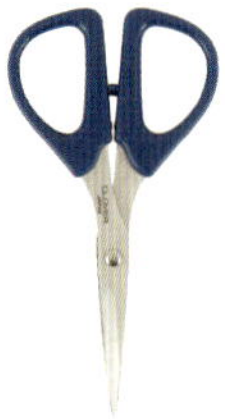

はさみ
布端の処理や土台布をカットする時に使う、布用ばさみ。先が細く、とがっているものを使いましょう。

ボンド
土台布の上で花の形を作る時や、花芯を飾る時に必要です。速乾タイプがおすすめ。

くず入れ
作業台の上で糸くずや布端をまとめておけば、作業後の片づけがスムーズ。

ウェットティッシュ
花を汚さないよう、手やピンセットについたのりやボンドはこまめに拭き取りましょう。

用具【布準備セット】布を切る時に使います。

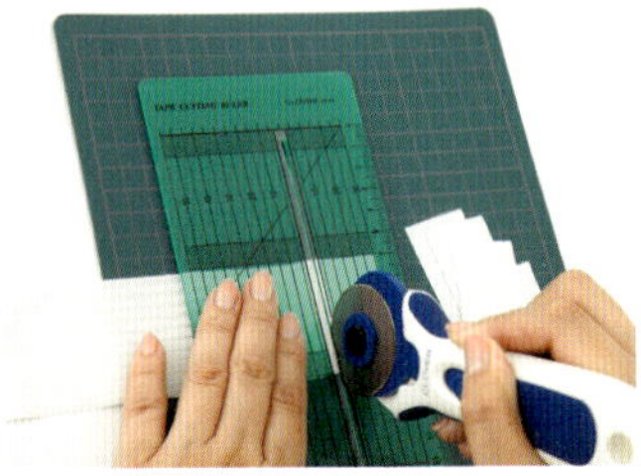

布がゆがまないようにしっかりと押さえながら、正確な正方形にカットします。この本では3cm角の布をよく使うので、お気に入りの布は多めにカットしてストックしておくと便利。

ロータリーカッター
布をまっすぐ切るのに便利。なければはさみで代用します。

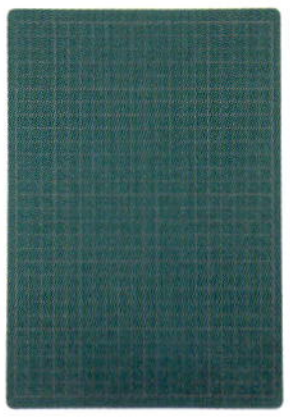

カッティングマット
ロータリーカッターで布を切る時、下に敷きます。

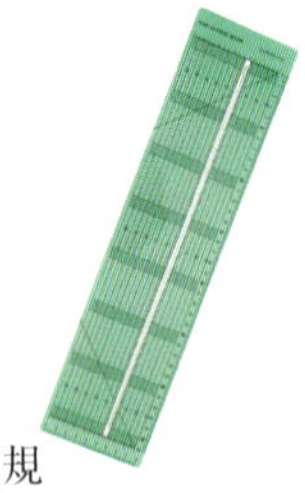

定規
布をまっすぐ切る時に使います。普通の定規でも代用できますが、ロータリーカッターを使う場合は写真のテープカット定規がおすすめです。

ロータリーカッター（45mm）、テープカット定規／クロバー（株）

用具【のりセット】花びらを作る時に使います。

CDケースを2枚に分け、
ふたの中面にのりをのばして使います。

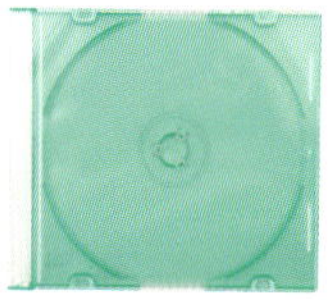

のり
でんぷんのり。つまんだ花びらに染み込ませ、形をキープします。

マドラー（のりやボンドをのばすへら）
のりを平らにのばす時に使用します。

CDケース
（のり台・作業台）
穴の開いていない方（ふた）はのりを塗って花びらを置く「のり台」に、もう一方は花の形を整える台として使用します。のりが半乾きの時にはがすと、きれいに外れます。時間をあけて作業を再開したい時は、のりにラップをかけ、CDケースを閉じておきましょう。

材料【布】

この本では、身近にあるリネンやコットン、レーヨンちりめんを使用しています。レーヨンちりめんの中でも「鬼ちりめん」は厚くぽってりとかわいく、「一越ちりめん」はしなやかで落ち着いた雰囲気があります。ポリエステル製の布はつまみ細工には不向きです。

材料【花芯】

この本では造花用のペップ・直径2～10mmのパールビーズ・丸小ビーズ・ラインストーンなどを使用しています。好みで組み合わせて使ってもかわいい。

材料【アクセサリーパーツ・組み立て材料】

でき上がった花をアクセサリーに仕上げる時に使います。アクセサリー金具はパーツ屋さんや手芸店で、かんざしの飾りはつまみ細工専門店（つまみ堂）で購入できます。

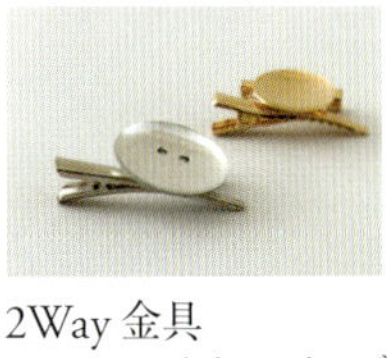

2Way 金具
ヘアアクセサリーにも、ブローチにもできる便利な金具。

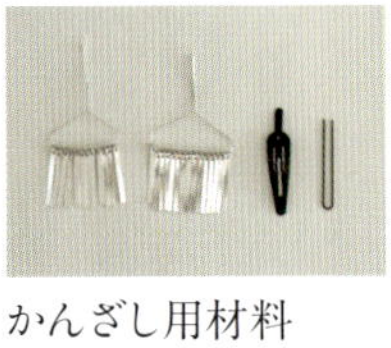

かんざし用材料
銀ビラ（左）やツノつきスリーピン、Uピンはつまみ細工の専門店で購入できます。

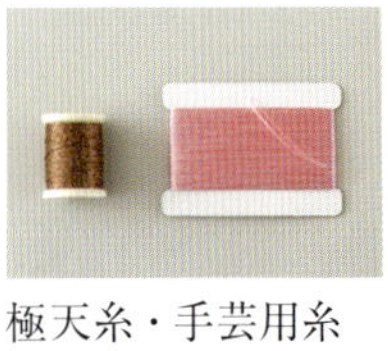

極天糸・手芸用糸
かんざしやスリーピンに花を固定する時などに使います。専用のものが手に入りにくい時は手芸用の糸でも代用できます。何重にも巻くため、ボリュームの出すぎない糸がおすすめ。

花芯の飾り方

◎1粒ずつビーズを飾る

1. 大きめのビーズは外れやすいので、接着剤を使います。ビーズの穴を横にしてピンセットでつまみ、接着剤を直接ビーズにつけて花に置きます。

2. バランスをみながら1と同様にビーズを置きます。はみ出た接着剤はピンセットでこそぎ取りましょう。

◎ビーズを円にして飾る

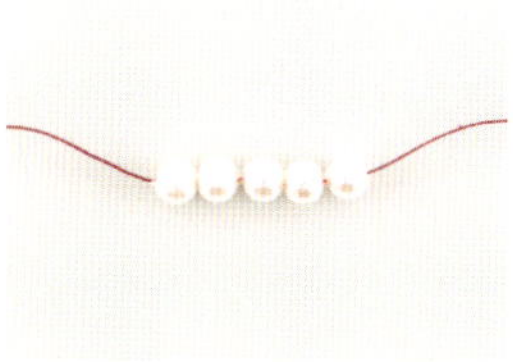

1. 直径4mmのパールビーズ5個をテグス(1号) に通します(ここではわかりやすいように色糸を使っています)。

2. テグスを固結びし、ビーズを円状にします。この時テグスの端を、結び目の隣のビーズの穴に1～2個分くぐらせてから切ると、結び目が目立たなくなります。

3. 花の中心にボンドを少量つけ、ビーズの下半分にも薄くボンドをつけて花の上に置きます。

4. 中心のビーズの穴を横にしてピンセットでつまみ、ビーズの下半分にボンドを多めにつけてビーズの中心に乗せます。布にはみ出たボンドは乾くと目立つため、こそげ取ります。

◎ペップを飾る

1. ペップの先を、足を約2mm残してカットします。長さはペップの玉の大きさによって調整します。写真の花では中ペップ(玉の長さ約3～4mm) 7粒を使用。

2. 花の中心にボンドを少量つけ、ペップの足にもボンドをつけて、花の中心に差します。残りの6本のペップを、中心のペップの周りに円を描くようにすき間なく差します。

◎ペップを束にして飾る

1. 極小ペップを束にして、玉の根元にボンドの先を入れ、ペップの玉と軸にボンドを出します。

2. ボンドを指でなじませます。

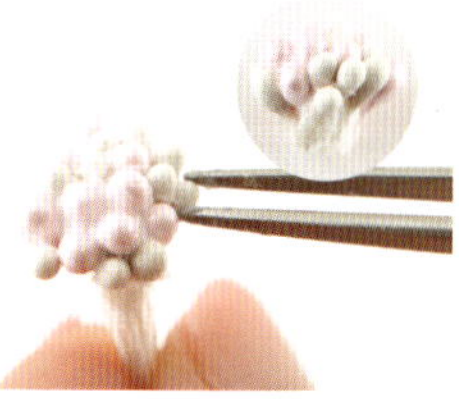

3. ピンセットでペップがドーム状になるように整え、足を約2mm残してカットします。

4. 花の中心にボンドを落とし、3でカットしたペップの束を貼ります。

◎丸小ビーズを飾る

1. 花の中心にボンドを落とし、丸小ビーズをひとつまみ振りかけます。

2. ピンセットでビーズがドーム型になるよう整えます。

3. 余分なビーズを払って落とします。

ペップの種類と大きさ

造花用のペップには様々な色や形、サイズの種類があります。作りたい花のイメージや布の色と合わせて選ぶのも楽しい。大人っぽく仕上げたい時はラメ入りのシックな色のものを使ったり、ピンクと白を混ぜて清楚な雰囲気を出したりと、お気に入りのものを何種類か揃えておくと色々な花の表情を作ることができます。

実物大

「基本の丸つまみ」

ここで紹介する基本の丸つまみは
p.19 ～ 27，37のつまみ方の基本になります。
あらかじめp.15「つまみ細工の作業の流れ」を参照して、
のり台の準備をしておきましょう。

◎材料

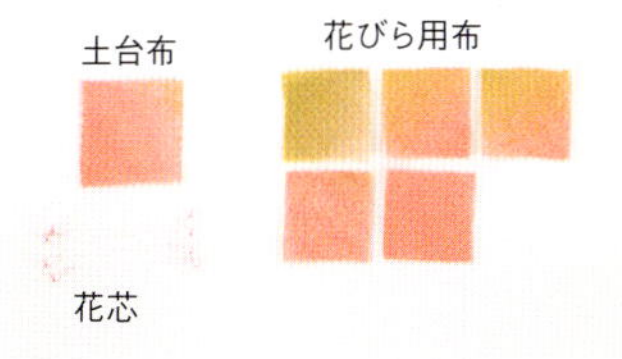

土台布（4cm角）1枚
花びら用布（3cm角）5枚
花芯（中ペップ／玉の長さ約3～4mm）適量

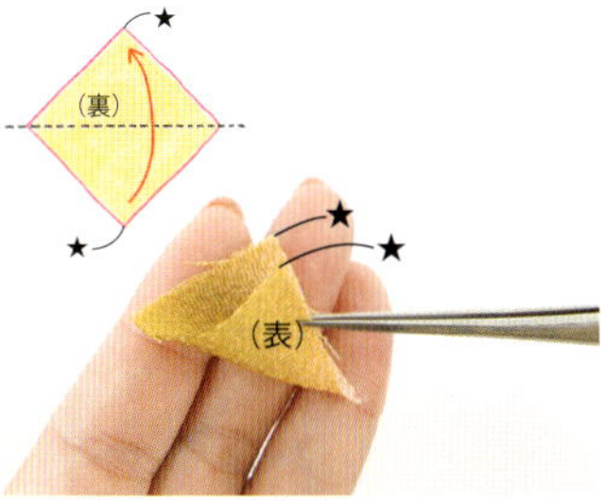

1. 花びら用布を、裏を上にして手に置き、ピンセットで★と★を合わせるように折り上げます。

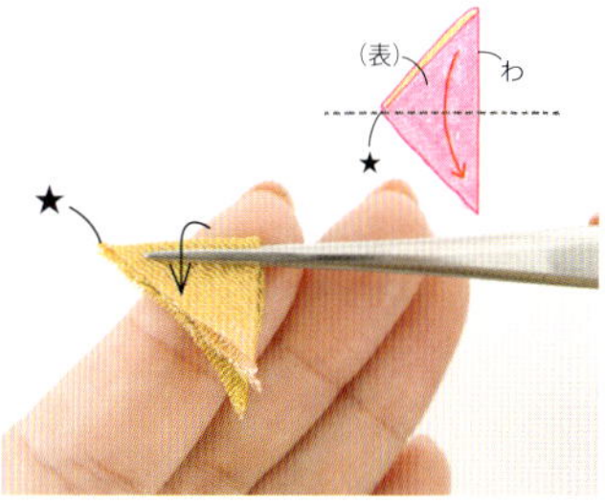

2. 1で折った布のわを右にしてピンセットで三角の中心をはさみ、ピンセットを回転させて上から下へ半分に折ります。

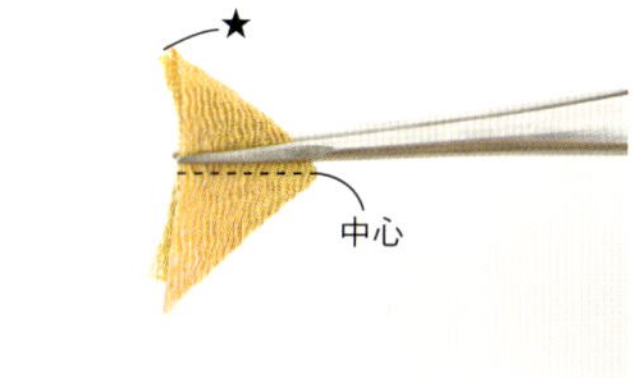

3. 2の★が上にくるように持ち替え、ピンセットで三角の中心の少しだけ上をはさみます。

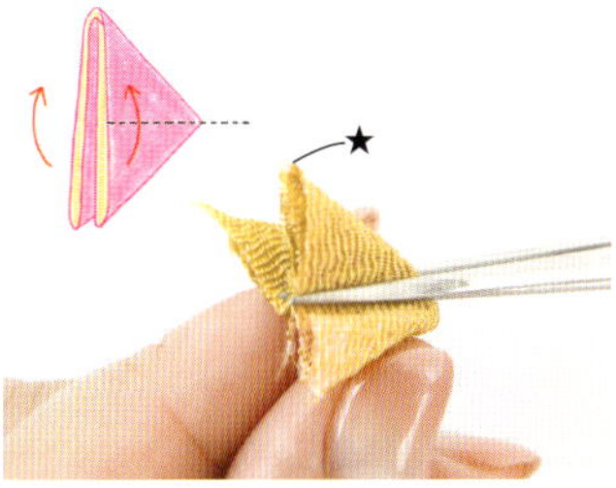

4. ピンセットではさんだところから下の部分を左右に開き、★に向かって指で折り上げます。ピンセットに沿わせてしっかり折りましょう。

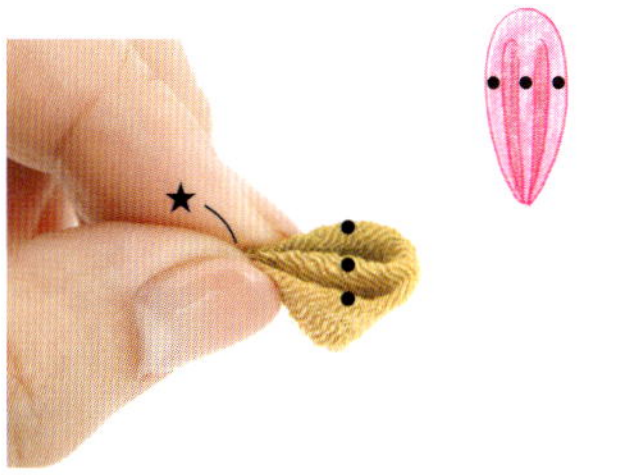

5. ★の部分を指で持ち、ピンセットを抜きます。3点の●の高さが揃っているか確認しましょう。

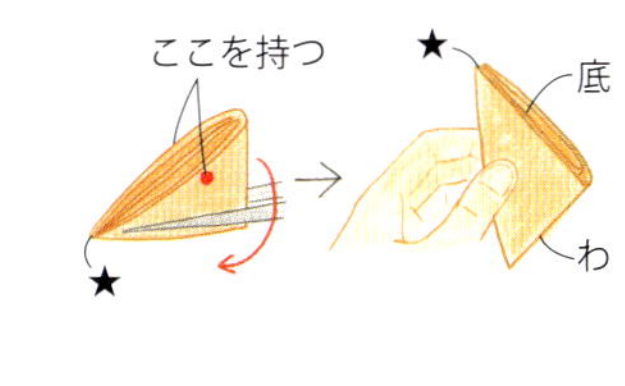

6. 布端ぎりぎりのところをピンセットで底と平行にはさみ、右手首を手前に倒して左手に持ち替えます。

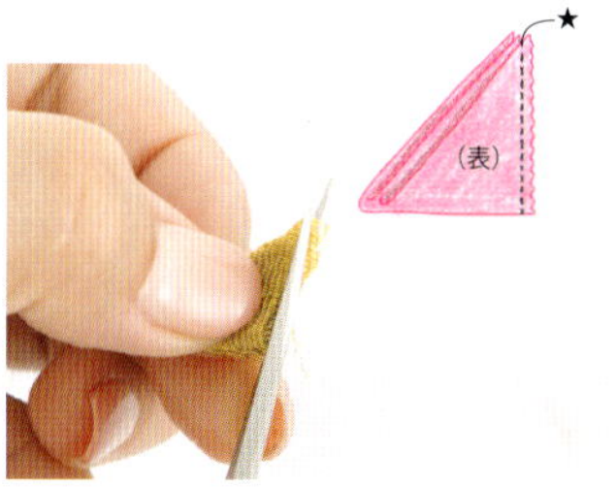

7. 花びらの形が崩れないように注意しながら、のりがつきやすいように、底の布端が揃っていない部分をカットします。

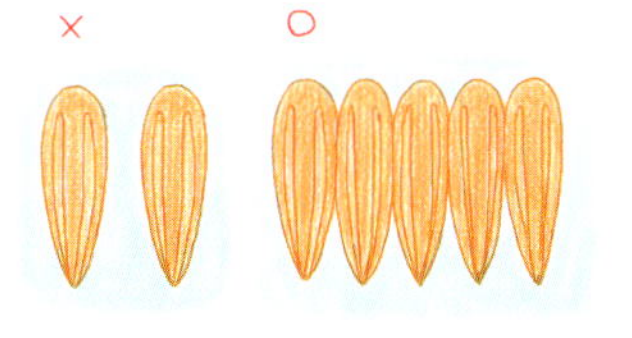

8. 花びらをピンセットでのり台の上に置きます。のりの上で傾かないようにしっかり置きましょう。1～7と同様にして残り4枚の花びらものり台に置きます。この時、隣り合う花びらをすき間なく置くことで、布が開くのを防ぐことができます。のりが布に染み込むまで、15分休ませます。

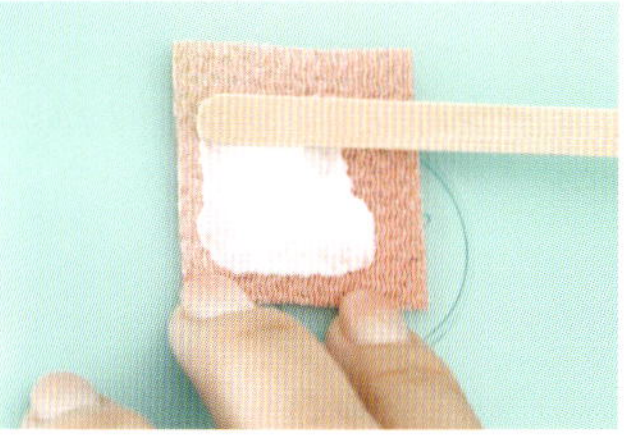

9. CDケースの底側の平らな面を台にして、土台布にボンドをのばします。薄く、全体に均一にのばすのがポイント。

10. のり台から花びらを持ち上げる前に指で▲を持ち、ピンセットを矢印の方向に軽くすべらせて花びら側面ののりを取ります。5枚の花びらを土台布の上に葺き、♡の部分（足元）をピンセットでしっかり閉じます。

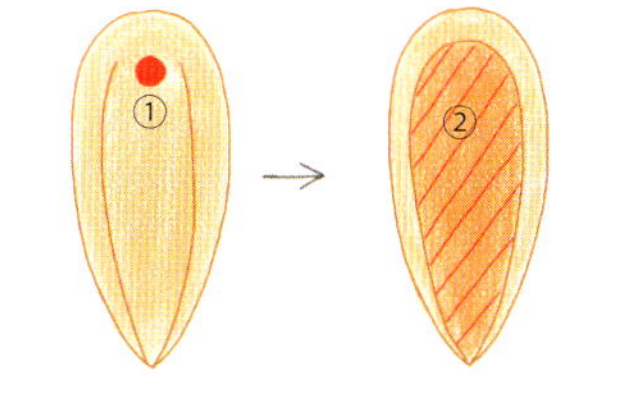

11. 花が倒れないように指で支えながら、まず花びらの●（①）を押し、②の滴型全体を底まで押します。きれいに開かない場合は、足元を再度閉じてから花びらを開きましょう。

12. p.17「ペップを飾る」を参照して花芯を飾ります。

1～2日乾燥させたらp.15「つまみ細工の作業の流れ」を参照し、花びらに沿って土台布をカットします。

重ねつまみの髪飾り

大きさ違いの布でつまんだ花びらを幾重にも重ねて作ります。1輪の花の裏に金具を貼るだけで、短時間で見映えのする髪飾りのできあがり。

作り方／ p .78
つまみ方／ p .21

21

「重ねる丸つまみ」

大きさの違う花びらを中に重ね入れて開きます。1輪でも大きく華やかな花ができあがります。

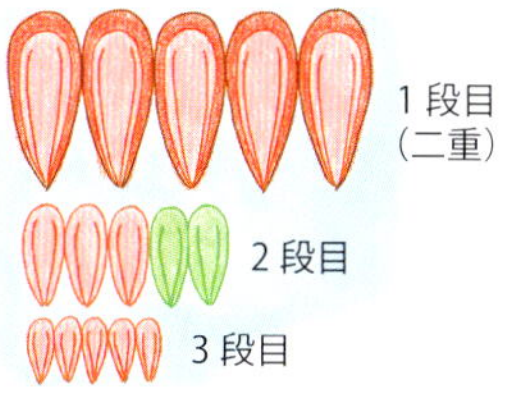

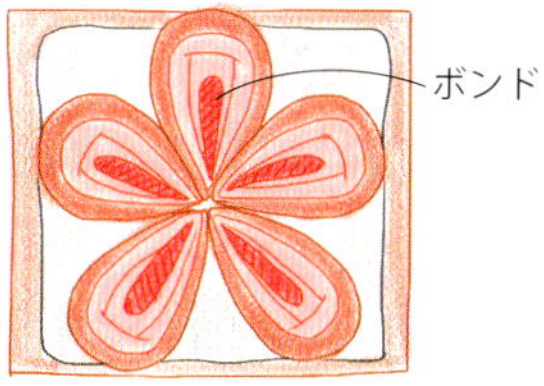

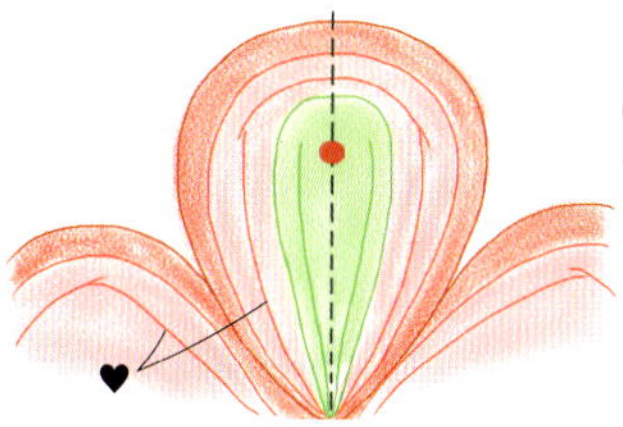

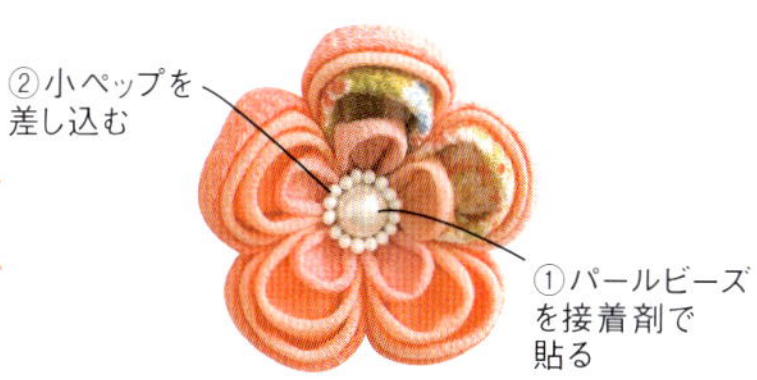

1.「二重の丸つまみ」を参照して1段目の花びらを5枚、p.19を参照して2段目・3段目の花びらをそれぞれ5枚つまみます。1段目は6cm角、2段目は4cm角、3段目は3cm角と、サイズを変えて作ります。

2. p.19の9～11を参照して土台布に1段目の花びらを葺き、押し開きます。花びらの中央にボンドを薄く塗ります。

3.1段目の花びらの間が空かないように♥の部分を軽くピンセットではさみます。2段目の花びらを1段目の花びらの中に葺き、●を押し下げて花びらを開きます。

4.2段目をすべて葺いたら2と同様に2段目の花びらの中にもボンドを薄く塗り、3段目の花びらを葺いて押し開きます。花芯を飾り、1～2日乾燥させてボンドが完全に乾いたら花びらに沿って余分な土台布をカットします。

「二重《ふたえ》の丸つまみ」

布を2枚重ねて作る丸つまみです。p.19の「基本の丸つまみ」を参照しながら作りましょう。
ちりめんで作る場合は、鬼ちりめんと比べて凹凸の細かい一越ちりめんが重ねやすく、おすすめです。

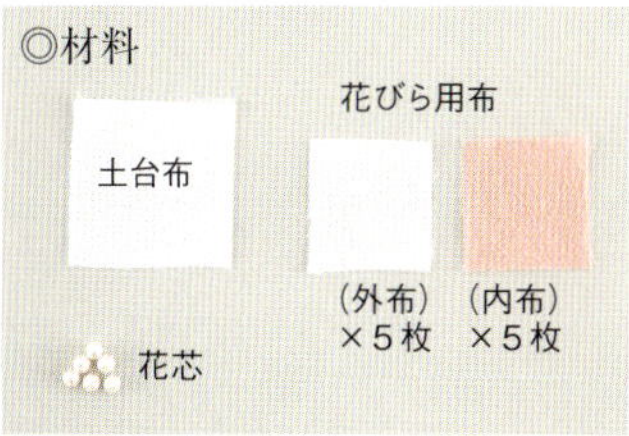

土台布（4cm角）1枚
花びら用布（3cm角）内布・外布　各5枚
花芯（直径4mm パールビーズ）　6個

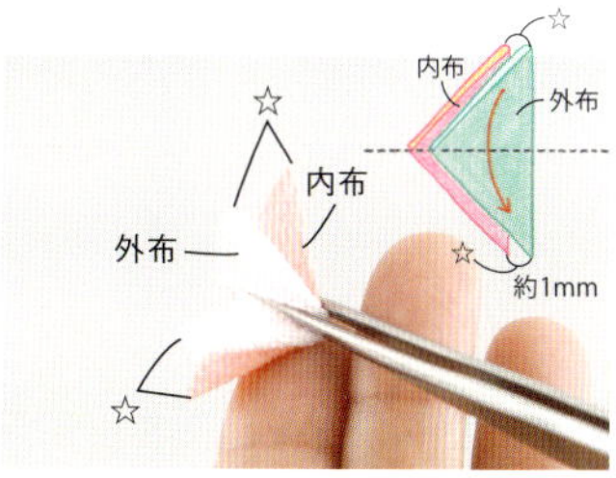

1.p.19の1で折った内布に、同様に折った外布をほんの少しずらして重ね、☆を合わせるように半分に折り下げます。

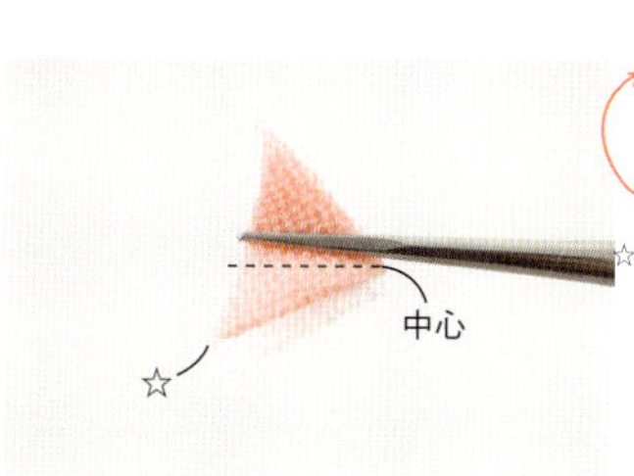

2.1で合わせた☆を下にして、内布の三角の中心より少しだけ上をピンセットではさみます。

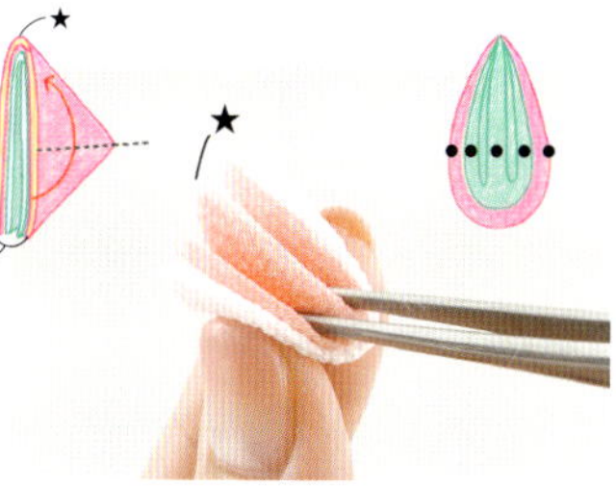

3. ピンセットではさんだところから下の部分を左右に開き、外布・内布を一緒に★に向かって指で折り上げます。5点の●の高さが揃っていることを確認しましょう。

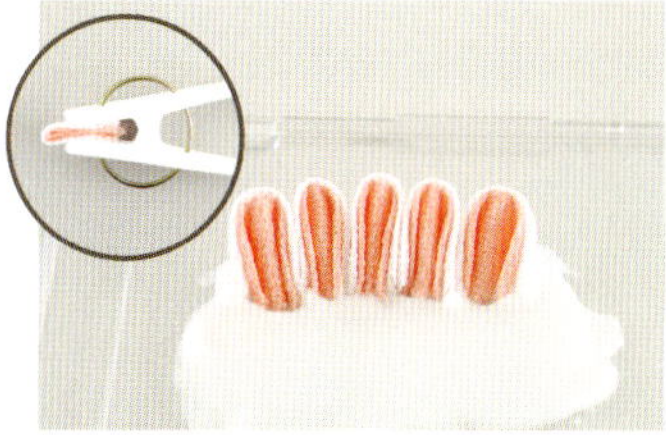

4. 洗濯ばさみ等で30分程はさみ、底の端を外布に合わせてカットしてのり台の上に置きます。この時、隣り合う花びらの間にすき間ができないように並べるのがポイント。

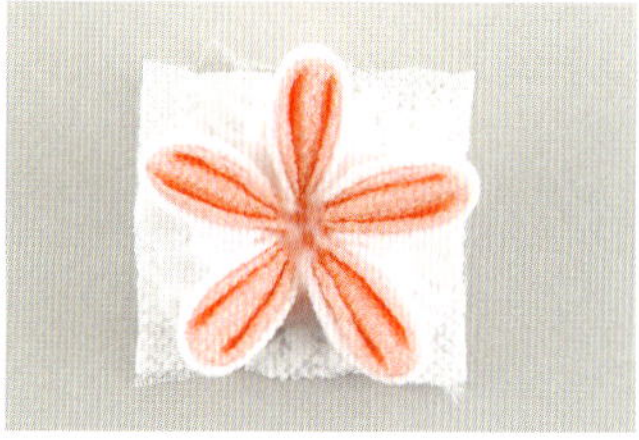

5. p.19の9～11を参照して土台布に花びらを葺き、花びらを押し開きます。

p.17「ビーズを円にして飾る」を参照して花芯を飾り、乾燥させたらp.15「つまみ細工の作業の流れ」を参照し、花びらに沿って土台布をカットします。

「二段の丸つまみ」

基本の丸つまみを2段重ねて作る花です。つまみ方はp.19「基本の丸つまみ」を参照してください。

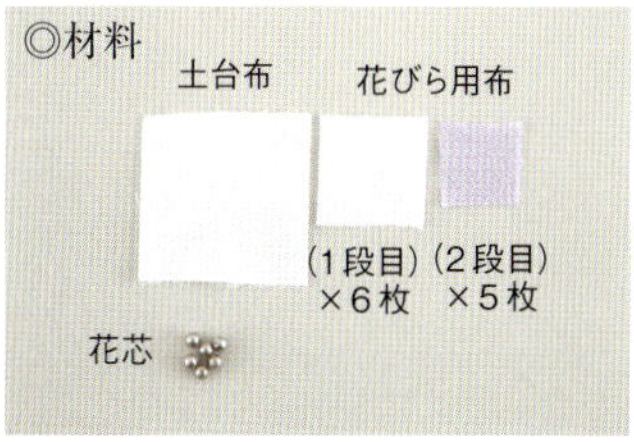

土台布（4cm角）1枚
花びら用布　1段目（3cm角）6枚、2段目（2.4cm角）5枚
花芯（直径4mm パールビーズ）6個

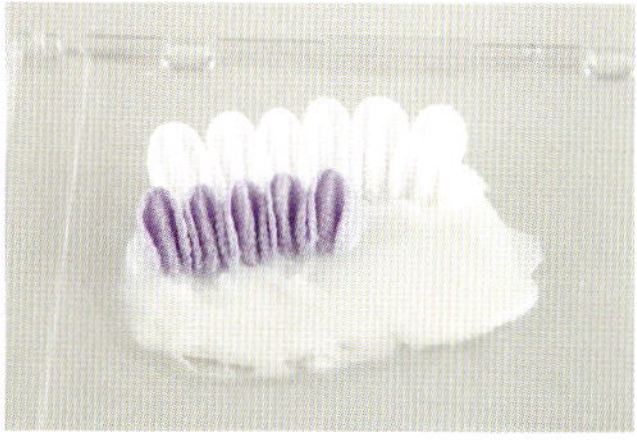

1. p.19の1～8を参照して、1段目6枚・2段目5枚の花びらをつまみ、のり台の上に置いて15分休ませます。

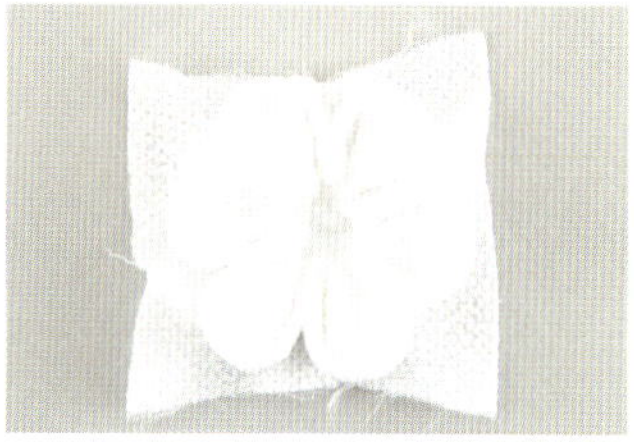

2.p.19の9～11を参照して土台布に花びらを葺き、1段目の花びらを押し開きます。

花びらガイドシートの5枚用を目安に2段目の花びらを葺き、押し開きます。p.17「ビーズを円にして飾る」を参照して花芯を飾り、ボンドが完全に乾いたら余分な土台布をカットします。

水仙のブローチ

ききょうをアレンジした水仙のブローチ。
花芯と葉で水仙らしさを表現します。

作り方／p .79
つまみ方／花→p .23、葉→p .27

「ききょう」（水仙）

丸つまみの花びらの先をとがらせて作ります。
花芯を替えると水仙の花も作ることができます。

◎材料

丸つまみの花モチーフ1個
（つまみ方はp.19参照）

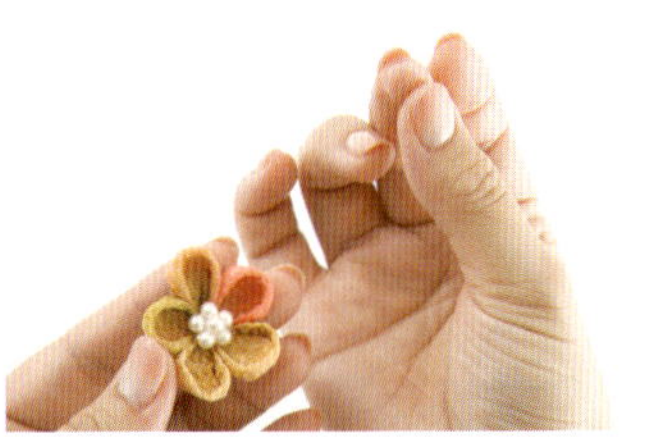

1. 指にボンドを少量とり、2本の指でのばします。濃い色の布を使う場合は、のりを使用します。

2. 花びらの、とがらせたい部分の内側・外側の側面にボンドをつけます。

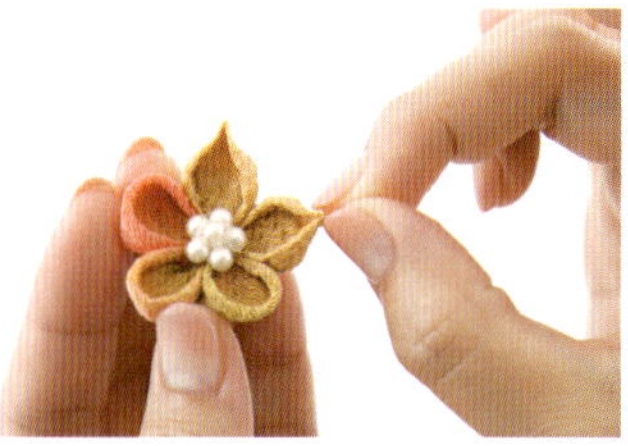

3. 外側から指先で花びらをつまんで、先をとがらせます。花びら全体が細くならないよう、先だけをとがらせましょう。

5枚とも先をとがらせたらできあがり。

◎水仙の花芯の作り方

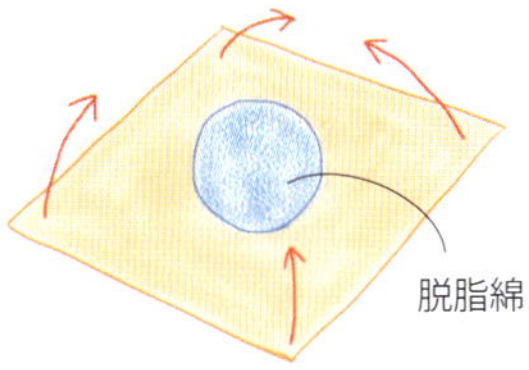

1. 脱脂綿を丸めて直径10mmの玉を作り、花芯用布の中心に置いて包みます。

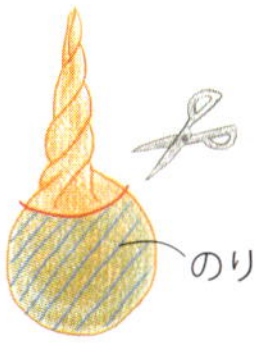

2. 布の先を絞って固定します。布の外側全体に薄くのりを塗り、布だけの部分を切り取ります。

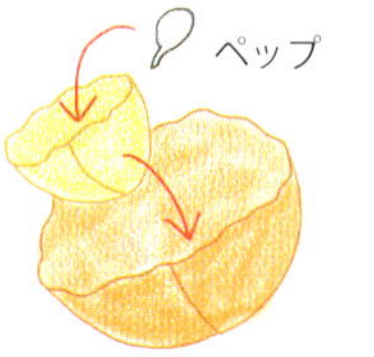

3. のりが乾く前にピンセットで脱脂綿を取り除きます。中に直径8mmの玉で同様に作った花芯とペップをボンドで貼ります。

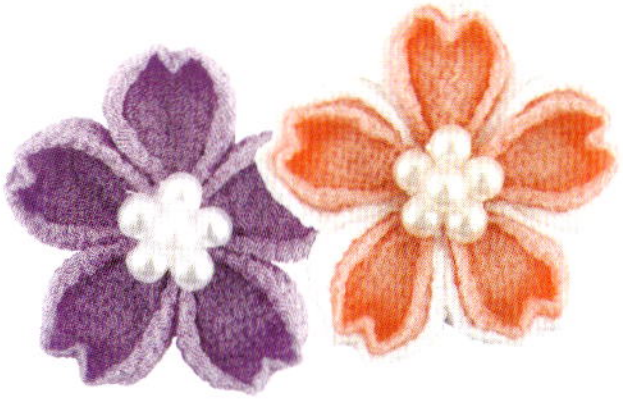

「桜」

丸つまみの花びらの形を変えて作ります。
まずはp.19「基本の丸つまみ」やp.21「二重の丸つまみ」を参照して、材料になる花モチーフを作りましょう。

5枚花びらの丸つまみの花モチーフ1個（つまみ方はp.19参照）または5枚花びらの二重の丸つまみの花モチーフ1個（つまみ方はp .21参照）

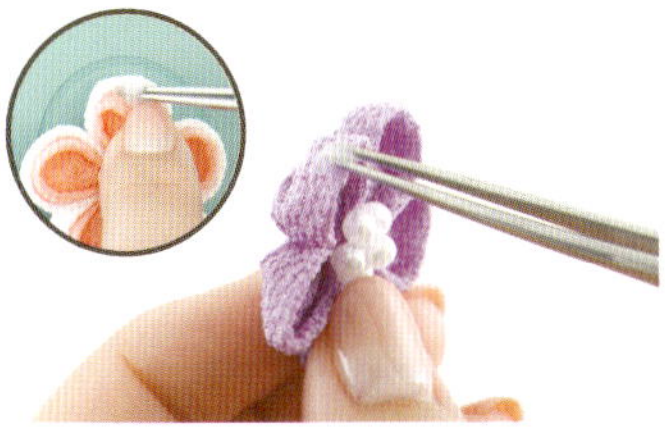

1. ピンセットの先にボンドを少量とり、花びらの内側と外側にボンドをつけます。二重の丸つまみで作る時は、あらかじめ内布と外布の間にも同量のボンドをつけておきます。

2. もう一度ピンセットの先に少量のボンドをとります。

3. とがらせたい部分の内側にボンドのついたピンセットを当て、その間を外側から指でへこませます。

4. ピンセットで内側をしっかりつまんだまま、指で外側からもつまんで折り、形をしっかりつけます。この時、布を多くはさむと花びらの先が広がりやすいので注意しましょう。

5. ピンセットでつまんだまま、手首を返すようにして花びらが外に広がるようにしっかりと倒し、花びらの形を整えます。

のりが完全に乾いたらできあがり。

祝い梅の晴れ飾り

ちりめんの祝い梅を2輪、剣つまみやききょうを合わせて晴れやかな髪飾りに。下がりの小花がポイントです。

作り方／ｐ.80
つまみ方／祝い梅→ｐ.25、丸つまみ→ｐ.19、剣つまみ→ｐ.29、ききょう→ｐ.23、葉→ｐ.42

24

「祝い梅」

丸つまみの花びらを重ねて作る、豪華な梅の花。p.19「基本の丸つまみ」を参照して花びらをつまみます。

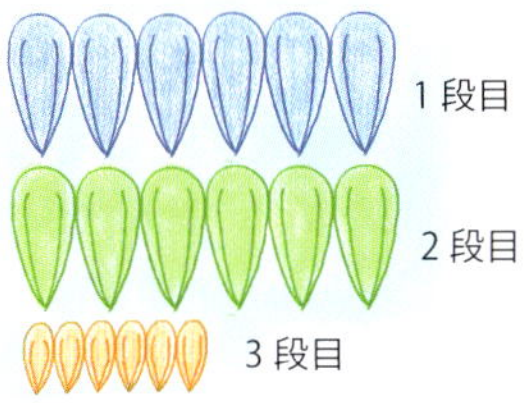

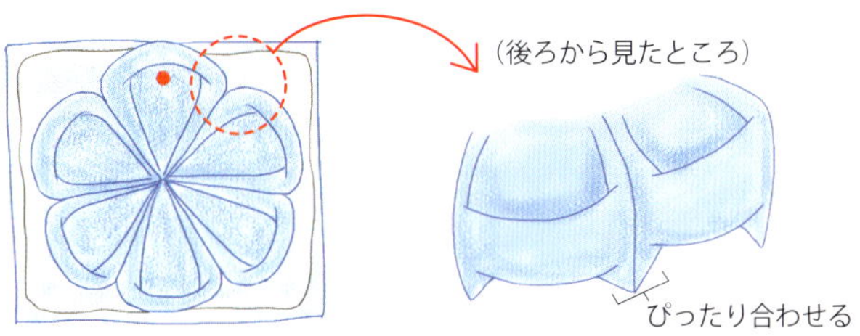

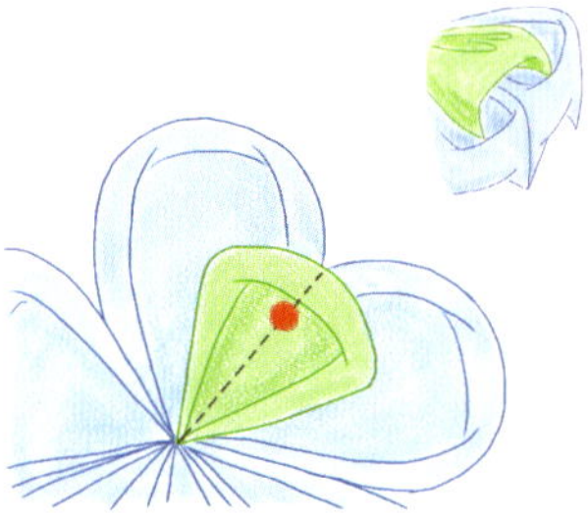

1. p.19「基本の丸つまみ」を参照して1～3段目の花びらをつまみます。1段目・2段目は3cm角、3段目は2cm角の布で作ります。

2. 4cm角の土台布に薄くボンドをのばし、1段目の花びらを葺きます。p.72花びらガイドシートの6枚用を利用して花びらを葺き、●部分を軽く押してから花びらの足を広げて合わせます。

3. 2段目の花びらの足を指で開き、1段目の花びらをまたがせて葺きます。図の●をピンセットで軽く押し、2と同様に花びらを開いて足を合わせます。

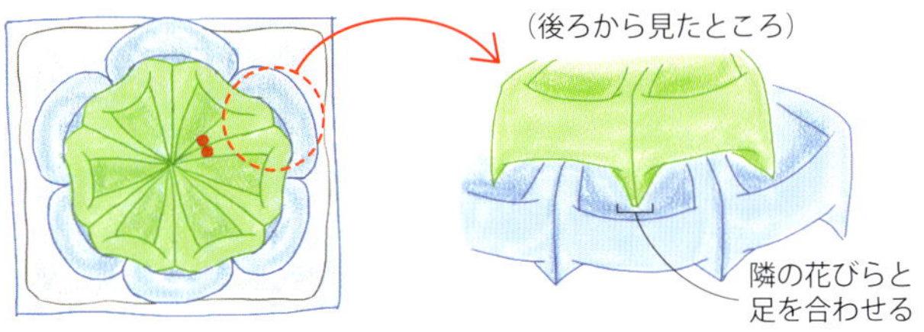

4. 2段目をすべて葺き終えたところ。花びらの●部分をピンセットで押し、花びらを下に向けます。

5. 3・4と同様に3段目の花びらを葺き、足を合わせます。2段目と同様に●を押して花びらを下に向けます。

6. ピンセットで花の形を整え、花芯を飾ります。1～2日乾燥させてボンドが完全に乾いたら余分な土台布をカットします。

折った時の柄の出方

特にプリント地を使う場合は、花びらを折った時に布のどの部分の柄が出るのかを考えながら布をカットしましょう。

◎丸つまみの場合

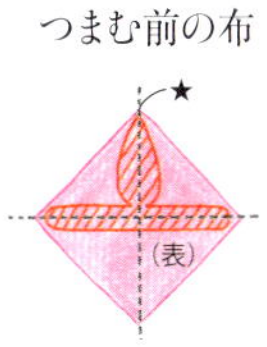

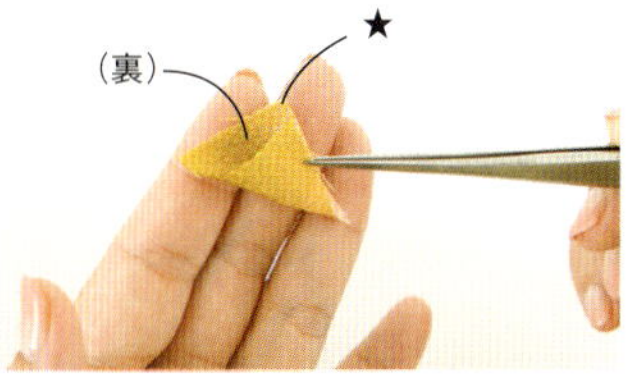

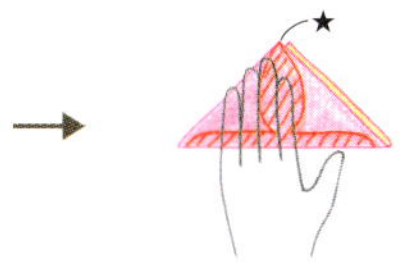

つまむ前の布の状態で、イラスト中の赤い斜線の部分が花びらの上面に出ます。

p.19の1の時、滴型の部分が手に触れていることを確認して進めましょう。

◎剣つまみの場合

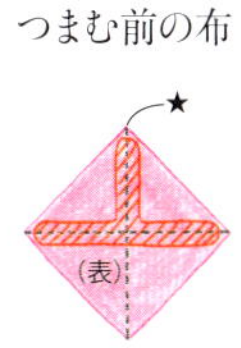

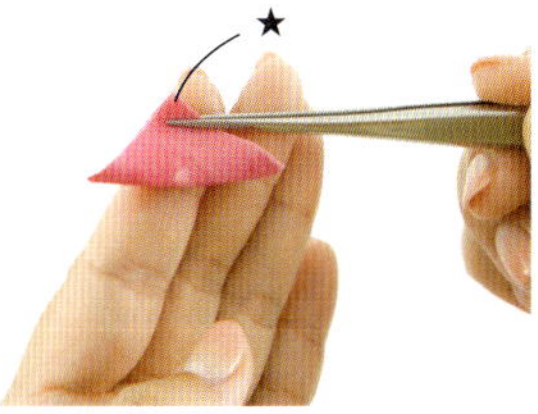

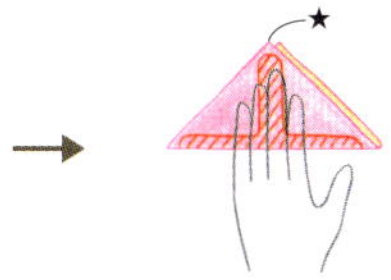

つまむ前の状態で、イラスト中の逆T字の赤い斜線の部分が花びらの上面に出ます。

p.29の1の時、逆T字の部分が手に触れていることを確認して進めましょう。

ひまわりのブローチ

つまみ画の技法で作る、ひまわりの花。自然の花をよく観察して、花びらにニュアンスをつけましょう。

作り方／ p .78
つまみ方／ p .27

「ひまわり」(コスモス)

花びらの先にニュアンスをつけるのがポイント。薄手の絹がおすすめです。

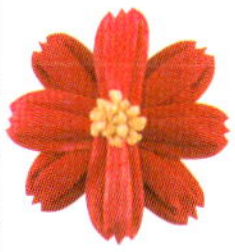

コスモスはひまわりのアレンジ。プリントコットンなど薄手の布がおすすめです。

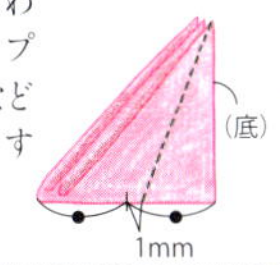

コスモスは花びらを細長くしたいので、1の時にイラストのようにカットします。

花びらの先は7でひっくり返した形をキープ。10の時、花びらの先(花芯側)を5mm程度カットします。

花芯をつけた後、花びらの先を山形にカットします。

◎材料

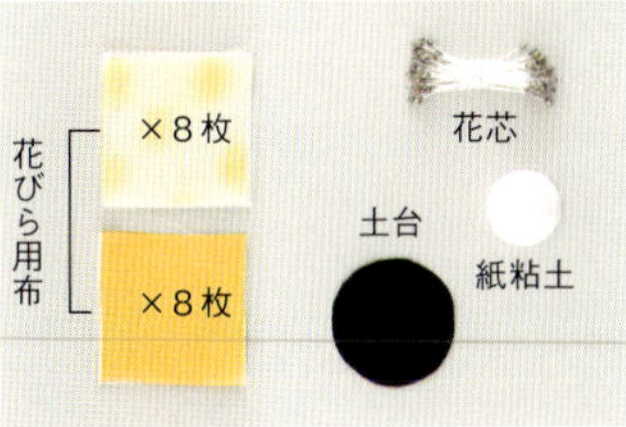

土台(直径3.5cm 合皮) 1枚
紙粘土(直径1cm球)
花びら用布(5cm角) 16枚
花芯(中ペップ) 適量

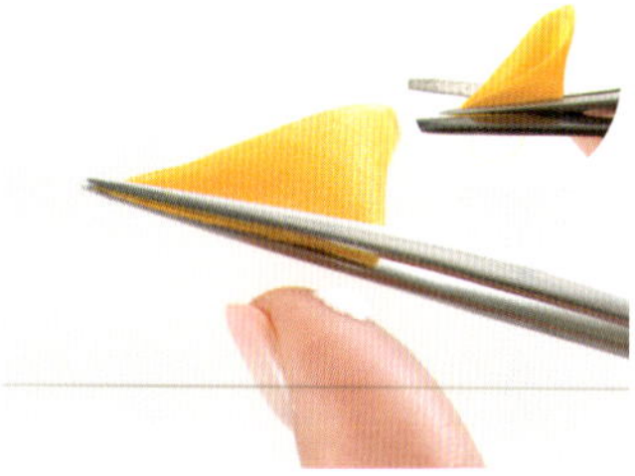

1. p.19「基本の丸つまみ」1～5と同様に花びらをつまみ、底をピンセットではさみます。底の布端が揃っていない部分をピンセットに沿ってはさみでカットし、底にボンドを擦り込みます。

2. 写真のように底を上にして持ち、左手で布がずれないように押さえながらピンセットをそっと引き抜きます。底がぴったり閉じるように両手でしっかり押さえます。

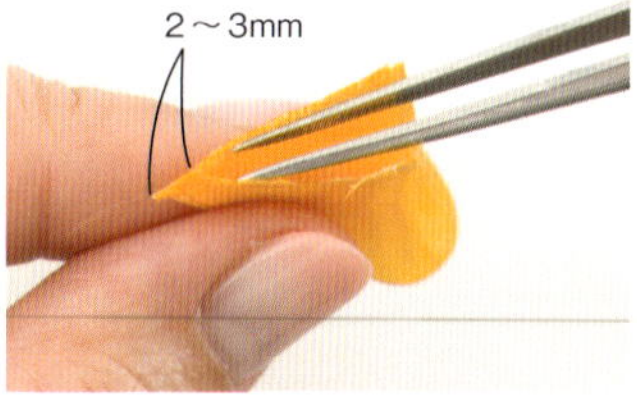

3. ピンセットで底の中央を開きます。最後まで開き切らず、先は2～3mm閉じたままにしておきます。

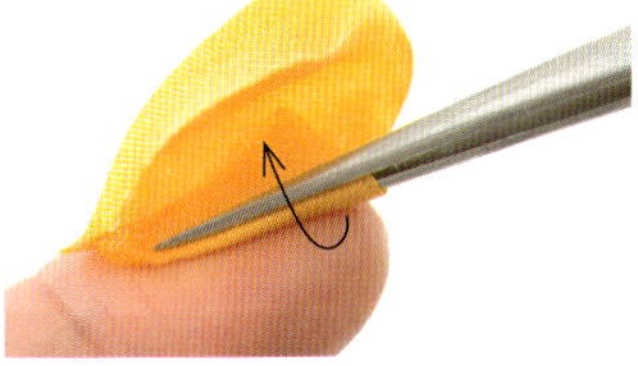

4. 手前の足を三角形に折り上げます。

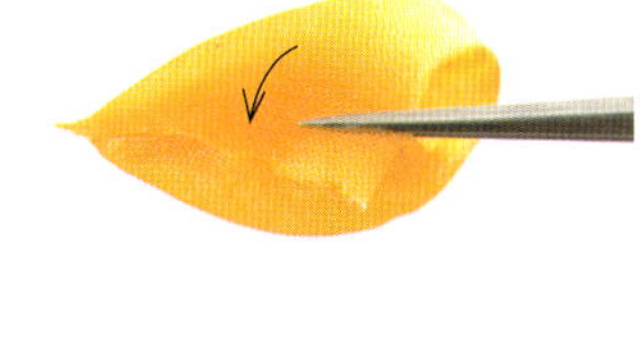

5. 反対側の足も三角形に折り、4の足にかぶせます。2枚の足をピンセットではさみ直します。

6. 表を上にして持ち替えます。次の工程で花びらをひっくり返したいので、花びらの先には右手を添えます。

7. 花びらをひっくり返します。形が戻らないように何度も引っ張ってくせをつけます。

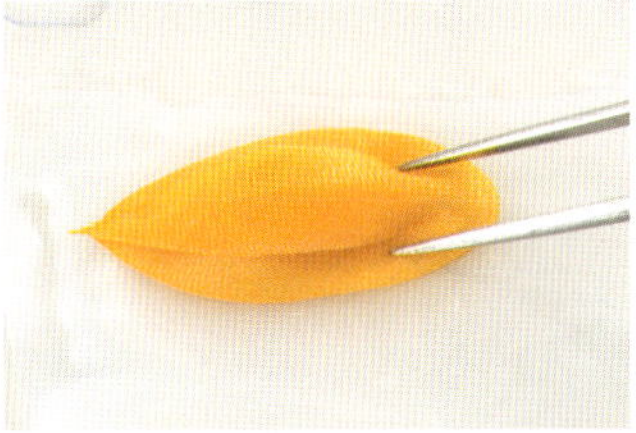

8. 1mmの厚さに薄くのばしたのりの上に置き、花びらの先をすぼませるようにくせをつけます。そのまま15分程休ませます。

9. 8の花びらを持ち上げて、何もついていないCDケースの上に置きます。ピンセットで先の形を整え、乾かします。

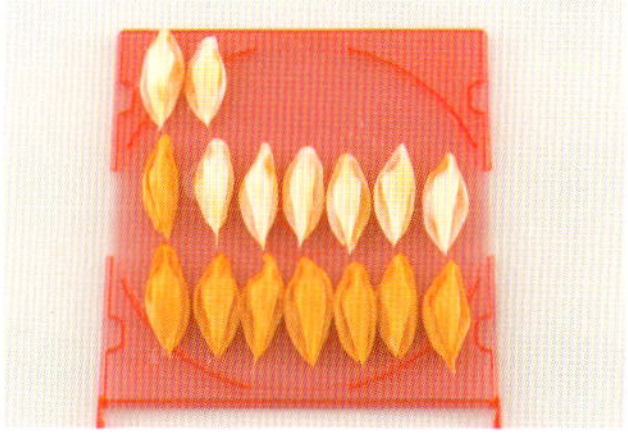

10. 1～9と同様に残りの花びらをつまみます。花びらの先は自然の花をお手本に、ラフな形にするのがコツ。

11. 紙粘土で高さ0.7cm程度の丘を作り、合皮の裏にボンドで貼ります。花びらの裏に再度のりをつけ、花びらの花芯側の先を紙粘土の中心に合わせて葺きます。

12. 11と同様にまずは十字に葺き、十字の間に1枚ずつ花びらを葺きます(---)。

13. 1段目の花びらと重ならないように2段目の花びらを十字に葺き、十字の間に1枚ずつ花びらを葺きます。

14. 紙粘土で直径1cm・高さ0.5cm程度の丘を作り、花の中心にボンドで貼ります。

15. 紙粘土が乾かないうちに、足を2mmにカットしたペップの先にボンドをつけ、外側からすき間なく刺し埋めたら、できあがり。

実物大

「基本の剣つまみ」

ここで紹介する基本の剣つまみはp.29 ～ 33,39のつまみ方の基本になります。
あらかじめp.15「つまみ細工の作業の流れ」を参照して、のり台の準備をしておきましょう。

◎材料

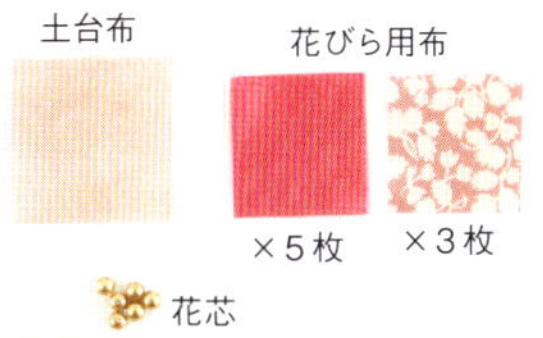

土台布(4cm角) 1枚
花びら用布(3cm角) 8枚
花芯(直径4mm金ビーズ) 6個

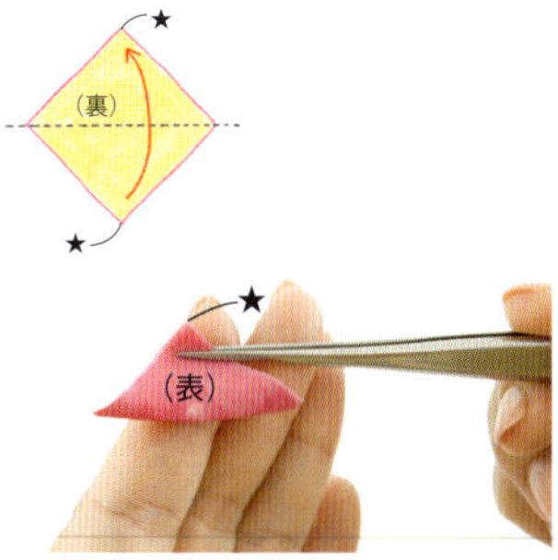

1. 花びら用布を、裏を上にして手に置き、ピンセットで★と★を合わせるように折り上げます。

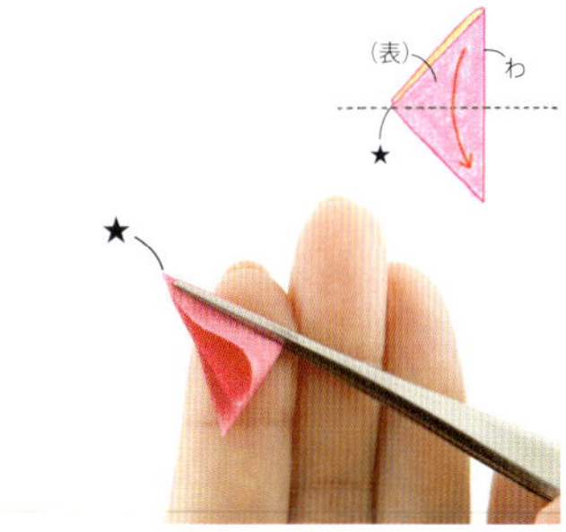

2. わを右にして三角の中心をはさみ、上から下へ半分に折ります。布に厚みがあるため、折り下げた先端をほんの少し左へずらします。

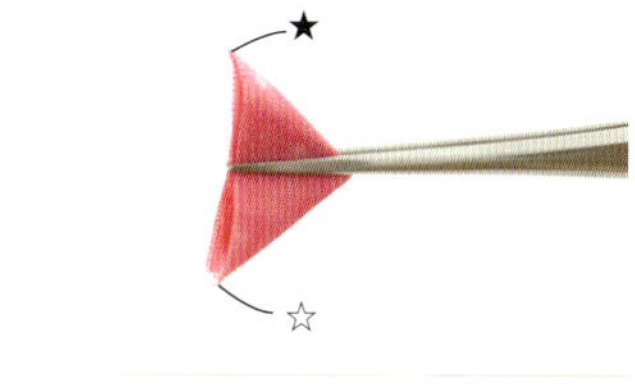

3. 2の★が上にくるように持ち替え、ピンセットで三角の中心をはさみます。

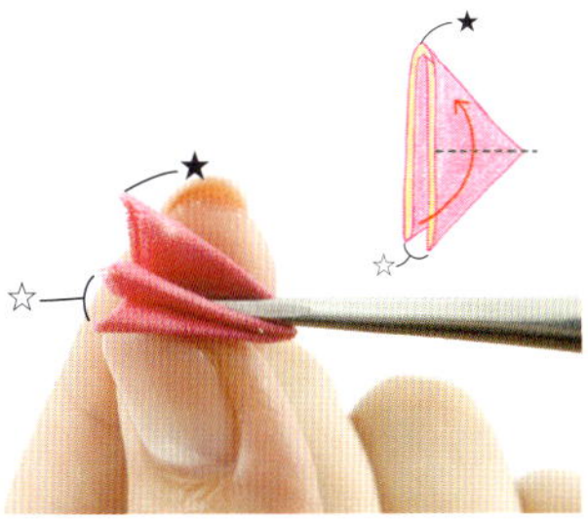

4. ピンセットではさんだところを軸にして、★と☆を合わせるように半分に折ります。

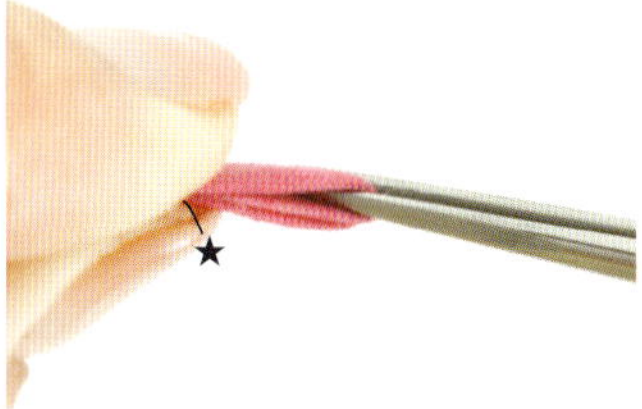

5. 花びらを指で押さえ、ピンセットを抜きます。実際には花びら全体が指で隠れる位、ピンセットの部分もしっかり押さえましょう。この時、ピンセットの先で引っ張るようにして花びらの先をとがらせます。

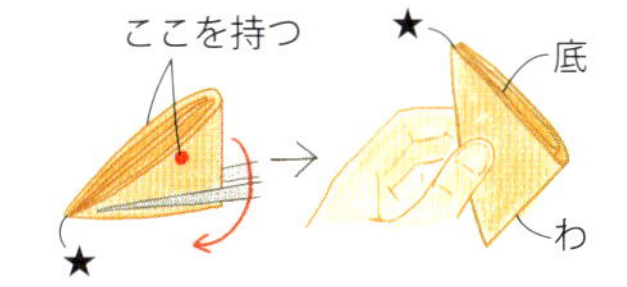

6. 布端ぎりぎりのところをピンセットで底と平行にはさみ、右手首を手前に倒して左手に持ち替えます。

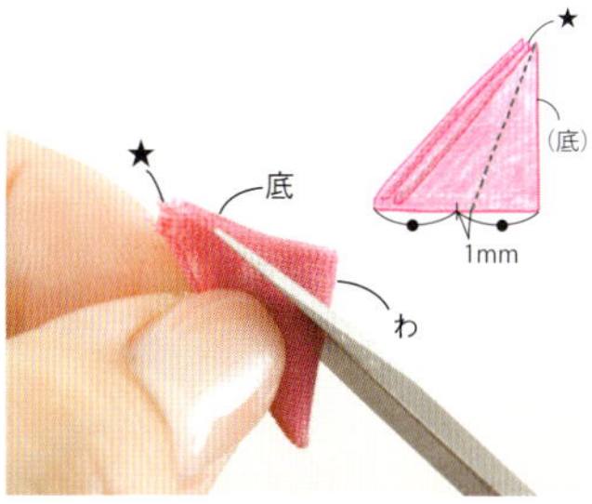

7. 花びらの形が崩れないように注意しながら持ち替え、布端の始末と高さの調整のために底部分を斜めにカットします(端切り)。

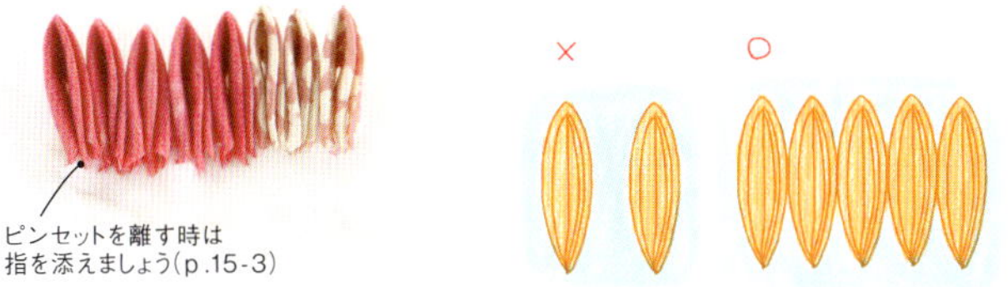

8. 端切りをした花びらをのり台の上に置きます。のりの上で傾かないようにしっかり置きましょう。1～7と同様にして残り7枚の花びらを作り、のり台の上に置きます。この時、隣り合う花びらをすき間なく置くことで、布の広がりを防ぐことができます。のりが布に染み込むまで、15分休ませます。

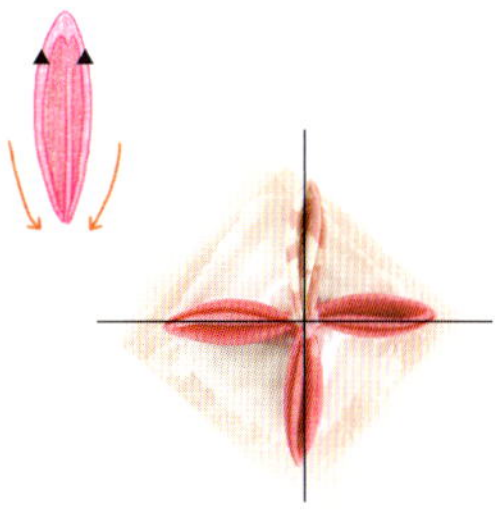

9. 土台布にボンドをのばし、十字に花びらを葺きます。のり台から花びらを持ち上げる前に指で▲を持ち、ピンセットを矢印の方向に軽くすべらせて花びら側面ののりを取ります。

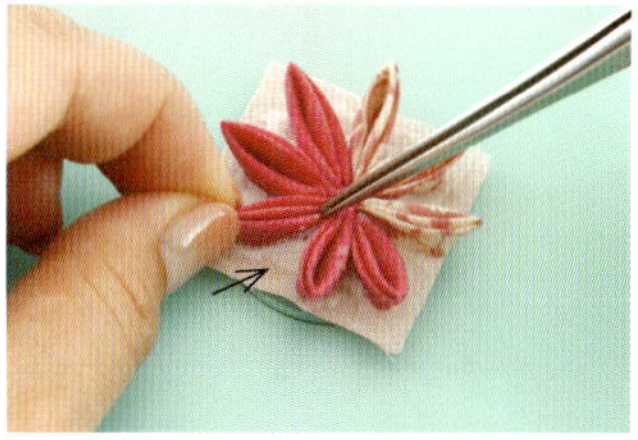

10. 9で葺いた花びらの間に1枚ずつ花びらを葺きます。外側から中心に向かって、すべり込ませるように葺きます。

11. 8枚置いたところ。花びらの間隔を均等に調整します。花びらの先できれいな円を描くようにしましょう。

12. 花びらの先を親指と人差指で軽くつまみ、花びらを開きます。

13. すべての花びらを開いたところ。対角の花びらが一直線になるように整えましょう。p.17「ビーズを円にして飾る」を参照して花芯を飾ります。

1～2日乾燥させたらp.15「つまみ細工の作業の流れ」を参照し、花びらに沿って土台布をカットします。

二段の剣つまみのハットピン

リネンとリバティプリントの組み合わせは、
普段着にも合わせたい上品カジュアルな
仕上がりに。帽子に1輪の花を添えて。

作り方／ p .81
つまみ方／ p .31

「二重《ふたえ》の剣つまみ」

布を２枚重ねて作る剣つまみです。p.29「基本の剣つまみ」を参照しながら作りましょう。

◎材料

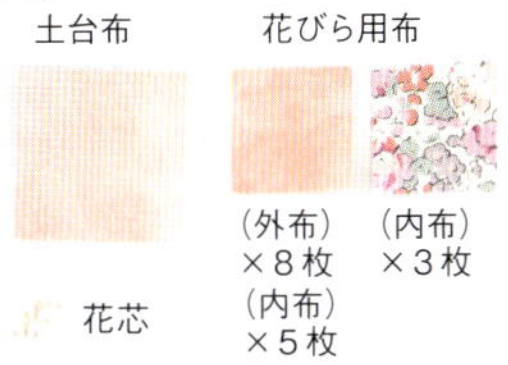

土台布（4cm角） 1枚
花びら用布（3cm角）内布・外布　各8枚
花芯（直径4mm パールビーズ）　6個

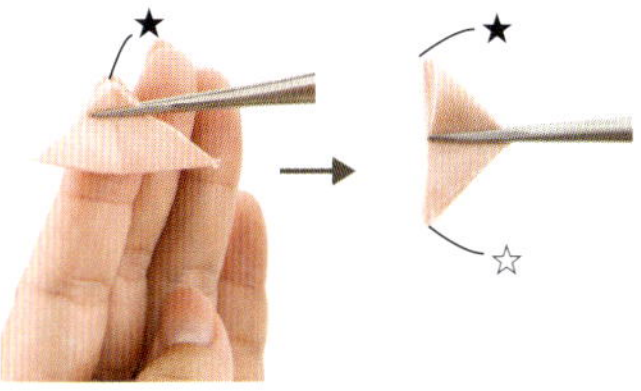

1. p.29の1～2を参照して、外布を2回半分に折ります。布の厚みがあるので、先端をほんの少し左にずらします。

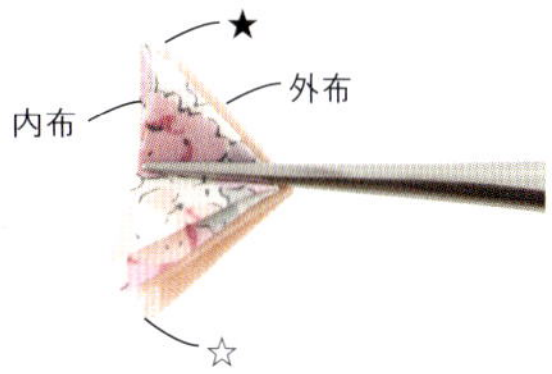

2. 1と同様に2回半分に折った内布を1に重ね、ピンセットで中心をはさみます。内布は、ほんの少し左にずらして重ねます。

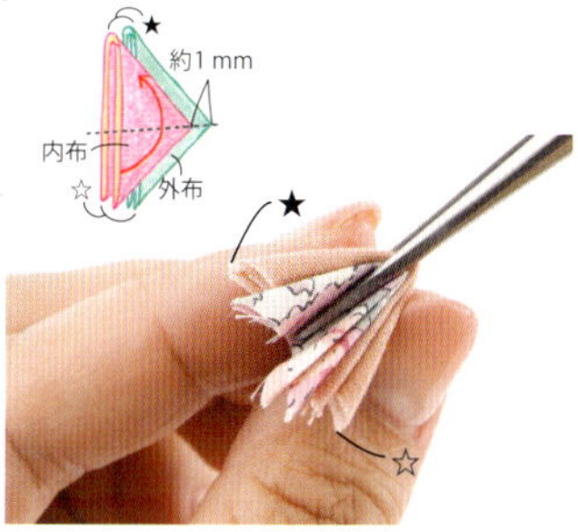

3. ピンセットではさんだところを軸にして、★と☆を合わせるように半分に折ります。

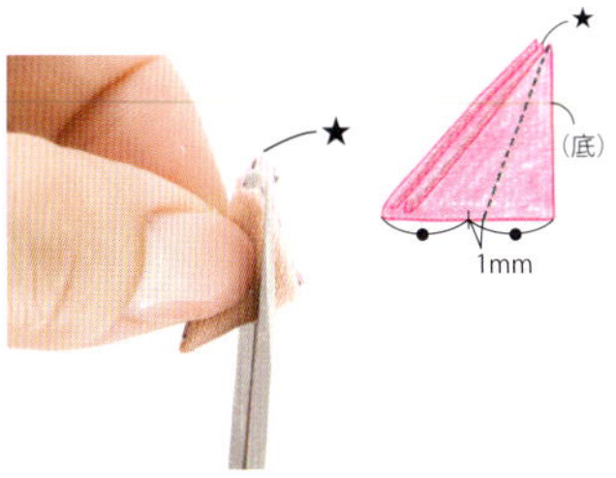

4. 花びらの形が崩れないように注意しながら持ち替え、布端の始末と高さの調整のために底部分を斜めにカットします（端切り）。

5. 1～4と同様にして、残り7枚の花びらも完成させます。できあがった花びらはのり台の上にすき間なく並べます。

6. のりが布に染み込むまで15分休ませたら、p.29「基本の剣つまみ」9～13を参照して土台布に花びらを葺き、花びらを押し開きます。

p.17「ビーズを円にして飾る」を参照して花芯を飾り、1～2日乾燥させ、花びらに沿って土台布をカットします。

「二段の剣つまみ」

基本の剣つまみを2段重ねて作る花です。つまみ方はp.29「基本の剣つまみ」を参照してください。

◎材料

土台布（4cm角） 1枚
花びら用布　1段目（3cm角） 12枚、2段目（2.4cm角） 8枚
花芯（直径6mm アクリルビーズ）　3個

1. p.29の1～8を参照して、1段目12枚・2段目8枚の花びらをつまんでのり台の上で15分休ませます。

2. 土台布に薄くボンドをのばし、十字になるように1段目の花びらを葺きます。

3. 2で葺いた花びらの間に2枚ずつ花びらを葺き、12枚の花びらで花の形を作ります。p.29の12を参照して1段目の花びらの先をつまんで開きます。

4. 1段目の花の中心にボンドを薄くのばします。

5. 2段目の花びらは、まず2で葺いた十字の上に重ねて花びらを4枚葺き、間に1枚ずつ花びらを葺きます。1段目と同様に花びらを開きます。

p.17「1粒ずつビーズを飾る」を参照して花芯を飾り、乾燥させたら「つまみ細工の作業の流れ」を参照し、花びらに沿って土台布をカットします。

2Way コサージュ

色布と黒のコットンを合わせたモダンなイメージのコサージュは、洋服にも浴衣にも合わせたくなるアイテム。2Way 金具をつけたら、髪飾りにも使えます。

作り方／p .82
つまみ方／p .33

「つゆつきの花」

二重《ふたえ》の剣つまみと基本の剣つまみを組み合わせて作る、つゆつきの代表作品です。
つまみ方はp.29「基本の剣つまみ」、p.31「二重《ふたえ》の剣つまみ」を参照してください。

◎材料

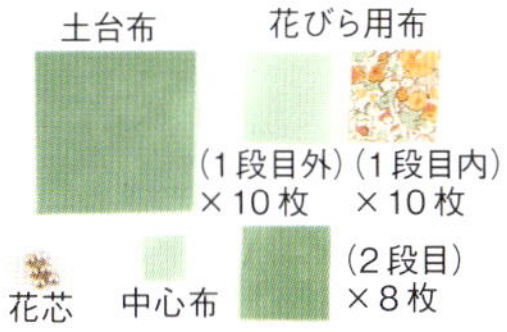

土台布（5.5cm角） 1枚
中心布（1.5cm角） 1枚
花びら用布　1段目（3cm角）内布・外布　各10枚、2段目（3cm角）　8枚
花芯（直径4mmパールビーズ）　6個

1.p.29を参照して2段目の花びらを8枚、p.31「二重の剣つまみ」を参照して1段目の花びらを10枚作ります。

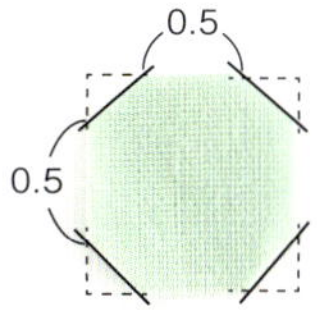

2.中心布の角をカットして、八角形にします。

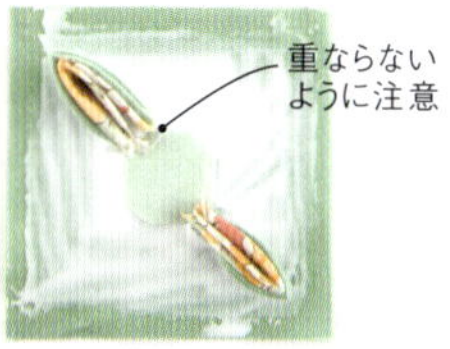

3.土台布にボンドをのばし、中央に中心布を置きます。中心布の2辺に沿って、土台の対角線上に並ぶように1段目の花びらを2枚葺きます。

4.3で葺いた2枚の花びらの間に、4枚の花びらを均等に葺きます。左右対称になるように調整します。

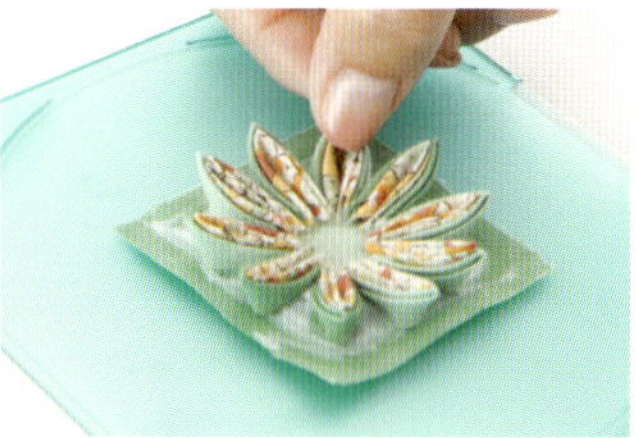

5.上から指でゆっくり優しく花びらを押さえ、花びらを開きます。

6.1段目の花の中心にボンドを落とし、平らになるようにのばします。中心布がボンドで完全に隠れている状態にします。

7.2段目の花びら4枚を、十字に葺きます。

8.7で葺いた花びらの間に1枚ずつ、外側から差し込むように花びらを葺きます。

9.2段目の花びらも1段目と同様に、5を参照して花びらを開きます。

10.p.17「ビーズを円にして飾る」を参照して花芯を飾ります。

1～2日乾燥させたら、p.15「つまみ細工の作業の流れ」を参照し、花びらに沿って土台布をカットします。

「庚申《こうしん》バラ」

台形の花びらを幾重にも重ねて作る庚申バラ。指のカーブを使うことで、花びらをふっくら仕上げます。

◎材料

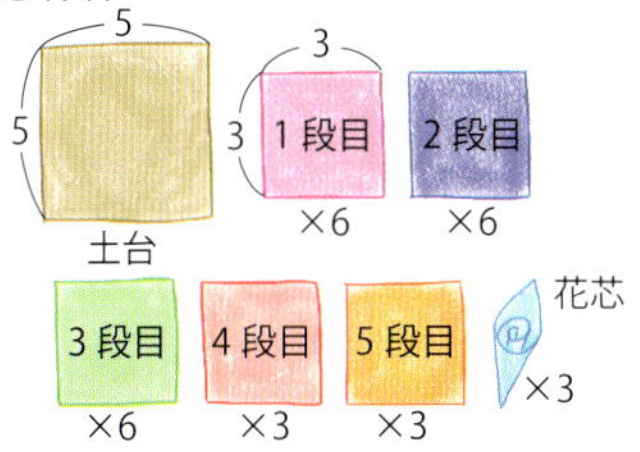

土台(5cm角合皮) 1枚
花びら用布(3cm角) 24枚
花芯(3cm角でつまんだ袋つまみ3個)
※「袋つまみ」はp.41参照

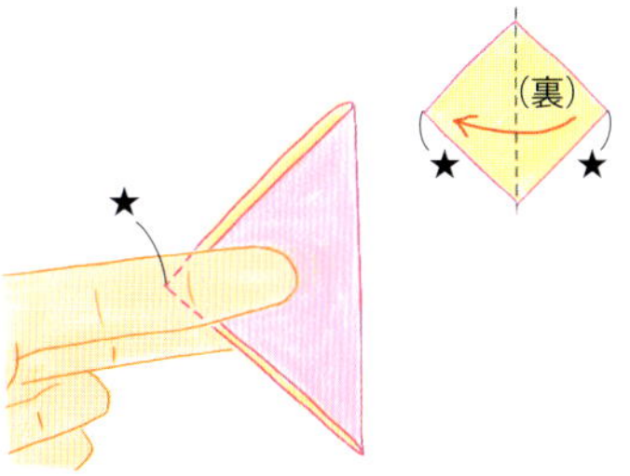

1. 花びら用布の裏を上にして★同士を合わせるように縦半分に折り、左手の人差し指と中指ではさみます。

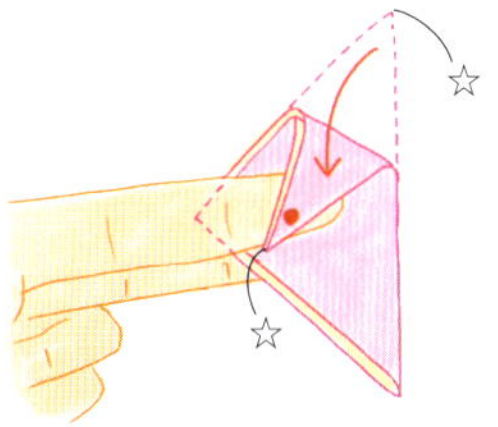

2. ボンドを少量つけたピンセットで上の角をつまみ、左下に向かって折ります。

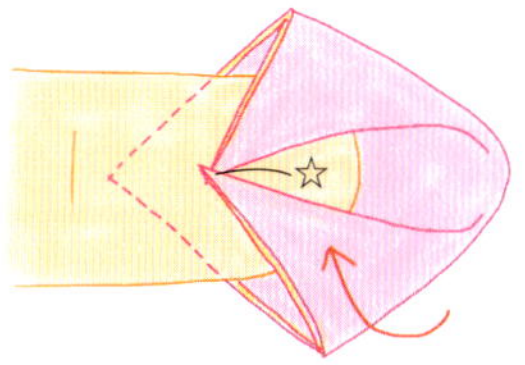

3. 下側の角は左上に向かって折り上げ、2でボンドをつけた位置に重ね、指で押さえて接着します。

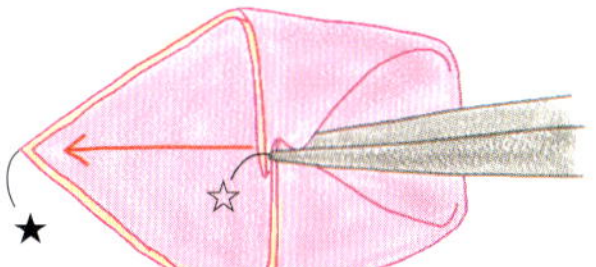

4. 角が重なった部分をピンセットではさみ、☆を★の位置まで移動します。

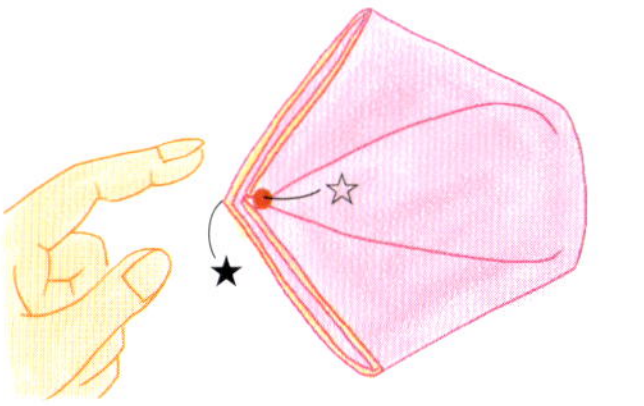

5. ☆と★を重ねて左手で持ちます(●部分を指で押さえて持つ)。

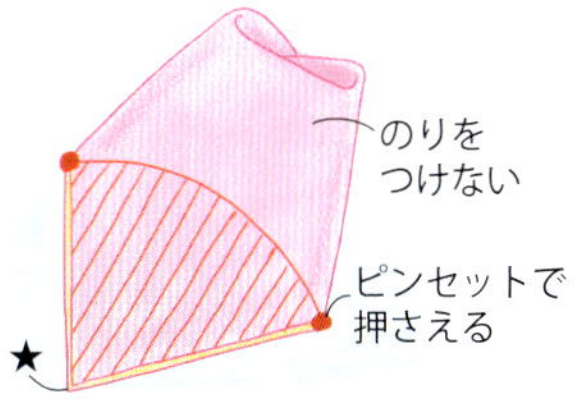

6. 5で持った箇所がずれないようにピンセットに持ち替えて表に向け、図の斜線の部分の裏にのりがつくようにのり台に置きます。

7. 1～6と同様に残り23枚の花びらもつまみ、のりの上で15分休ませます。右上のイラストのように、のりのついていない花びらの先はふっくらと立ち上げます。

8. 土台の合皮に薄くボンドを塗り、1段目の花びらを葺きます。6の斜線部分のみボンドをつけ、花びらを立ち上げます。

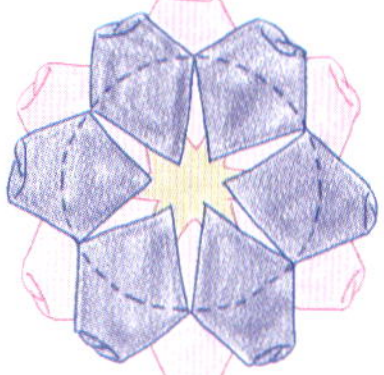

9. 1段目の花びらと重ならないように2段目の花びらを葺きます。1段目のふくらみに沿わせるように葺き、花びらの先が上を向きすぎないように注意しましょう。

10. 2段目の花びらと重ならないように3段目の花びらを葺きます。花びらを乗せる場所が狭くなるため、重ねて葺きます。

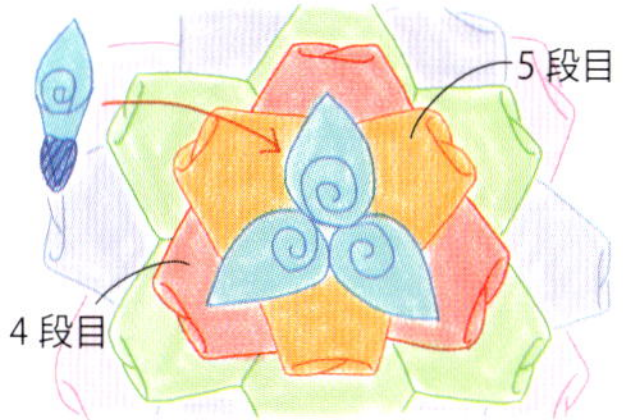

11. 4段目・5段目の花びらは3枚ずつ葺きます。袋つまみの足の部分にボンドをつけ、花芯部分に飾ります。ボンドが完全に乾いたら花びらに沿って合皮をカットします。

オーガンジーでつまむ花

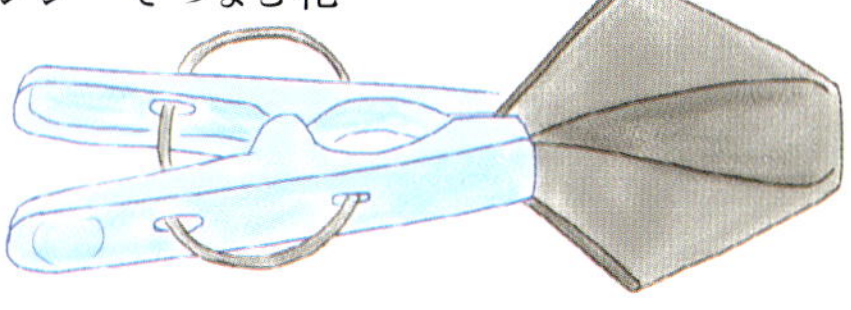

p.44「オーガンジーのアクセサリーセット」のようにシルクオーガンジーで花をつまむと、パーティー仕様の華やかな仕上がりに。オーガンジーはふんわりとして、のり台の上に置いておいても布が開いてしまいます。そんな時は、5の工程後に洗濯ばさみではさみ、☆と★が完全に接着するまでそのままにしておきます。ボンドが乾いて固定されたら、8～11を参照して花びらを葺けばOK。葺く時も接着しにくいので、1枚葺くごとに鉛筆の尻などで押さえながらとめましょう。

玉バラのブローチ

別珍の玉バラは1輪でも存在感のあるアクセサリーに。布の色と花芯のペップの色の組み合わせで印象が変わります。

作り方／p .83
つまみ方／花→p .37、葉→p .42

「玉バラ」

丸つまみの花びらを開いて、丸いバラを作ります。
つまみ方はp.19「基本の丸つまみ」、p.21「二重《ふたえ》の丸つまみ」を参照しましょう。

◎材料

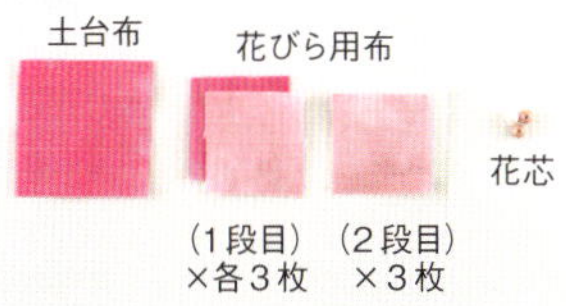

土台布（4cm角） 1枚
花びら用布　1段目（3cm角）内布・外布各3枚、2段目（3cm角） 3枚
花芯（直径4mmパールビーズ） 3個

1. p.19「基本の丸つまみ」を参照して2段目の花びらを3枚、p.21「二重の丸つまみ」を参照して1段目の花びらを3枚つまみ、のりの上で15分休ませます。

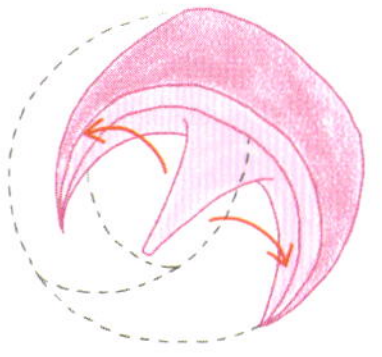

2. 土台布に薄くボンドを塗り、1段目の1枚目の花びらを葺きます。足を閉じてから花びらを軽く押し開き、側面を寝かせるように倒しながら開きます。

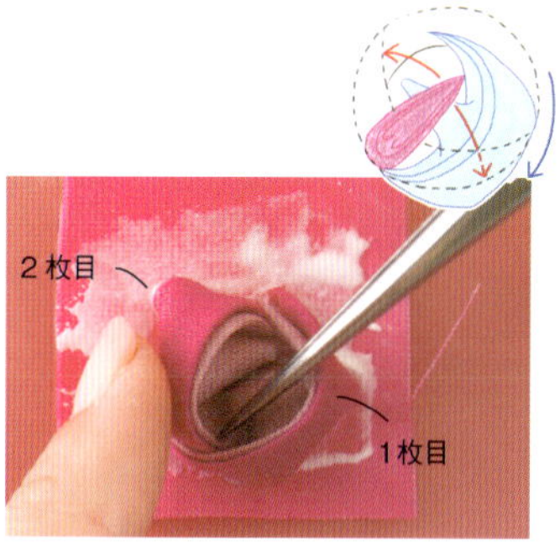

3. 1枚目の花びらを手前にして、1枚目の足の先に2枚目の花びらを葺き、軽く押し広げます。片側は1枚目の花びらの内側に沿わせ、もう一方はできあがりの円を意識して開きます。

4. 2枚目の花びらが手前にくるよう回転させ、2枚目の側面の先に3枚目の花びらを葺きます。イラストの●を軽く押して花びらを広げます。

5. 3と同様に3枚目の花びらの側面を2枚目の花びらの内側に沿わせます。もう一方は1枚目の花びらの側面を飛び越えて外側に沿わせます。

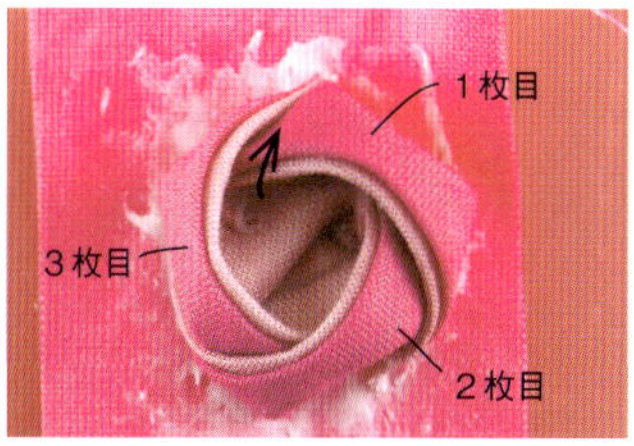

6. 3枚目の花びらの側面が1枚目の側面の外側に沿い、きれいな円を描くように形を整えます。

7. 2段目の花びらを花の中に入れます。底についたのりで1段目の花びらを汚さないよう、斜めに差し込みます。1段目の1・3枚目の交点（●）に花びらの先を合わせましょう。

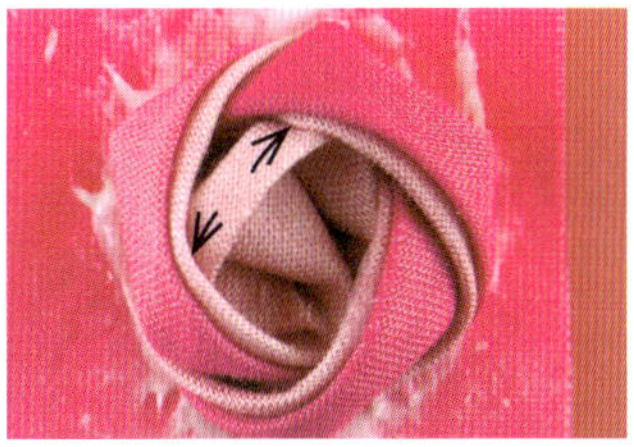

8. 1段目の花びらの内側に沿うように2段目の花びらを開きます。花びらが大きすぎる場合は底をカットして調整しましょう。

9. 残りの2枚も同様にして花の中に入れ、側面を開きます。

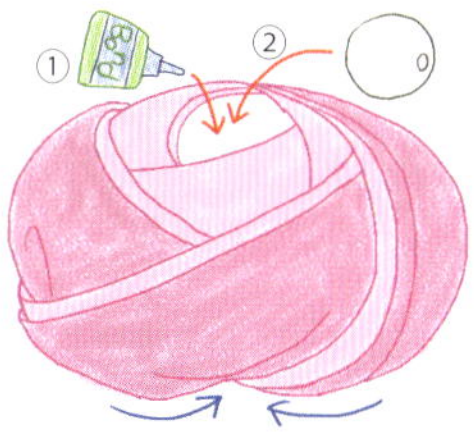

10. 横から見てもきれいな楕円形になるようにピンセットで整えます。布端は花の下にもぐらせます。花の中にボンドを入れ、パールビーズを入れて花芯を飾ります。ボンドが完全に乾いたら土台布をカットします。

別珍でつまむ花

「和」のイメージの強いつまみ細工も、別珍でつまむと上品な「洋」の花に。厚手の生地なので、のりの上では30分程少し長めに休ませましょう。別珍は全体にぽってりと丸みを出したい「玉バラ」や「基本の丸つまみ」の花に適しています。シャープなイメージを出したい「剣つまみ」の作品や、布を重ねて折る二重のつまみにはあまりおすすめできません。今回使用したのは、綿100％の別珍です。手芸屋さんには様々な種類の布が並んでいて、わくわくするもの。のりを吸わないポリエステル製を除けばほとんどの布がつまみ細工に使用できます。それぞれの特性に合わせて、のりの上で休ませる時間や花への向き・不向きを楽しみながら見つけてください。

35

角バラの根付け

羽二重で作る角バラは、角の重なりが美しく表現できます。訪問着にも合わせたい凛とした仕上がりに。

作り方／p .84
つまみ方／花→p .39、葉→p .42

帯留め

根付けと色違いの、羽二重の帯留め。カジュアル着物にはリネンやコットンで作ってもおしゃれ。

作り方／p .84
つまみ方／花→p .39、葉→p .42

36

「角バラ」

花びらの先が凛ととがった角バラ。剣つまみの花びらの応用です。
薄手の絹やコットンなど、角がすっととがる素材を使いましょう。

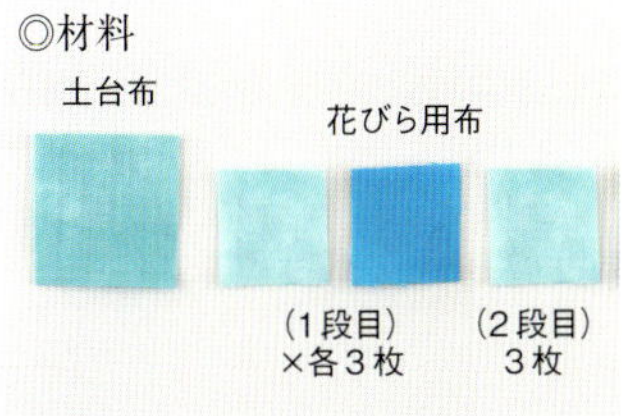

土台布(4cm角) 1枚
花びら用布　1段目(3cm角) 内布・外布各3枚、2段目(3cm角) 3枚
花芯(3cm角でつまんだ袋つまみ) 1個
※「袋つまみ」はp.41参照

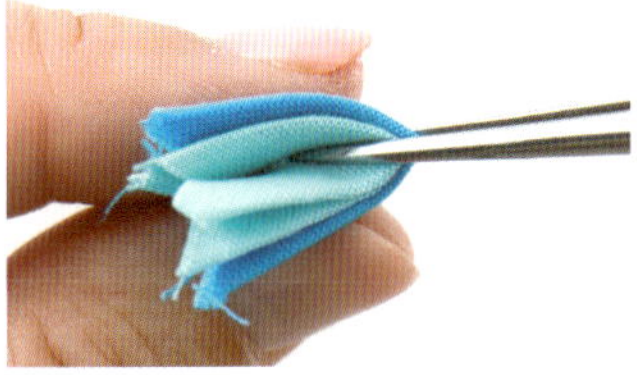

1. p.31「二重の剣つまみ」1～3と同様に1段目の花びらをつまみます。

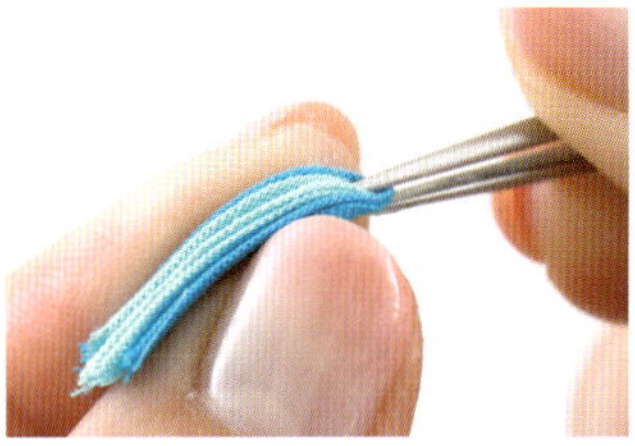

2. 花びらの先をピンセットで何度も反り返し、くせをつけます。

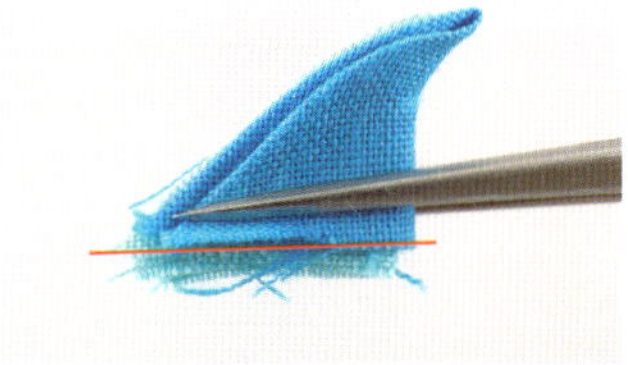

3. 横から見たところ。外布からはみ出ている部分をカットし、のりの上に置きます。

4. 2段目の花びらはp.29「基本の剣つまみ」と2・3を参照してつまみ、底と平行に約5mmカットします。

5. 1～4と同様に1段目と2段目の花びらをそれぞれ3枚ずつつまみ、のり台の上で15分程休ませます。

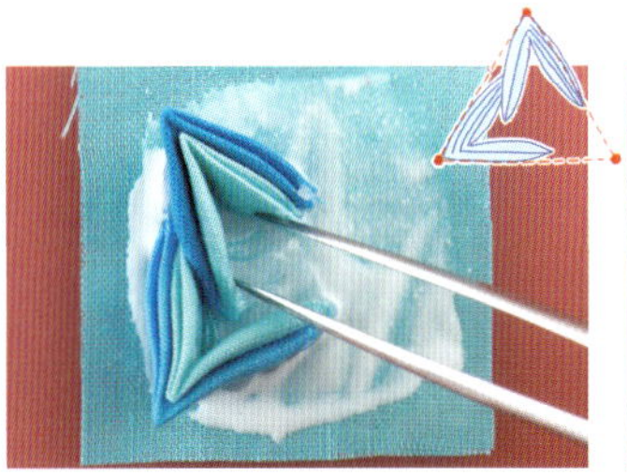

6. 土台布にボンドをのばし、1段目の花びらを葺きます。正三角形の頂点に花びらの先がくるようにイメージしながら花びらを葺き、ピンセットで約60度に開きます。

7. 1段目を葺き終わったところ。それぞれの花びらが内側・外側に交互に重なるように葺き、きれいな正三角形になるように整えます。

8. 2段目の花びらを7の中に入れます。1段目の花びらをのりで汚さないよう、斜めに差し込みます。1段目の花びらの交点(●)に2段目の花びらの先を合わせましょう。

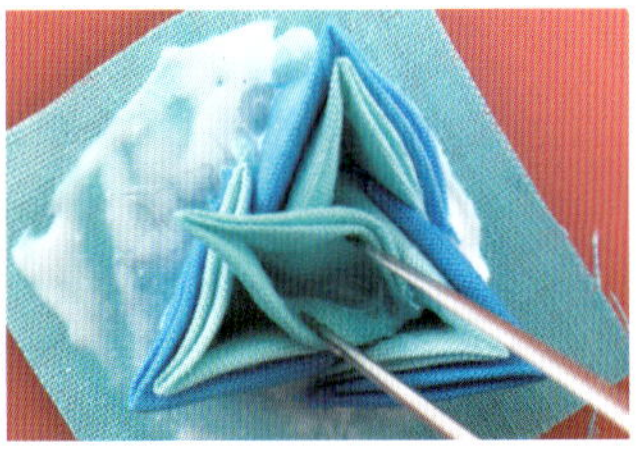

9. 花びらの下側の先は少し浮かせたまま、1段目の花びらがずれないように注意しながら2段目の花びらを開きます。花びらの先は内側に丸めて納めます。

10. 2段目の2枚目を8～9と同様に入れ、花びらを開きます。3枚目は先を軽くまるめ、2枚目の花びらの中に入れます。

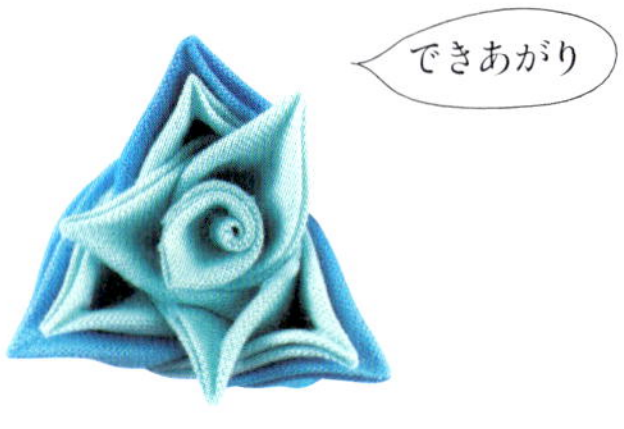

2段目の花びらの中に花芯となる袋つまみを入れます。すき間によって1～3個調整しながら入れましょう。1～2日乾燥させてボンドが完全に乾いたら、花びらに沿って土台布をカットします。

もっと本格的に

つまみ細工専用の道具と伝統の材料

つまみ細工は、江戸時代から伝わる日本の伝統文化。古くは江戸城の大奥でも流行したとの説もあります。
もっと本格的につまみ細工の世界を知りたい方に、専門的な道具と伝統の布を紹介します。

のり板
厚みがあり、つまみ細工の作業がしやすいヒノキ材ののり板。つまみ細工職人さんも使用しています。縦11cm×横20cm×厚み2cm。

のりべら
のりをのばしやすい、竹で作られたのりべら。幅2cm、長さは20cmあります。正絹などの広がりやすい布には、のりべらで練ったのりを使うと扱いやすくなります。

羽二重
薄い平織りの絹。舞妓さんのかんざしなどに使われます。つまみ細工用に様々な色で染められ、正方形にカットされた状態で販売されているものも。

用具・材料提供／つまみ堂（詳細はp.64）

袋つまみのブローチ

ころんと丸い形がかわいい袋つまみの花をブローチに。ワンポイントで洋服につけるだけで、普段着がぐっと華やぎます。

作り方／p .83
つまみ方／p .41

「袋つまみ（アジサイ）」

三角に折った布をくるくると巻いて作ります。先に花びらを作り、CDケースの上に直接葺きます。バランスを見ながら花びらの数を調整するため、花びらは少し多めに作っておきましょう。

◎材料

花びら用布

×
12枚

×
18枚

花びら用布（3cm角）約30枚

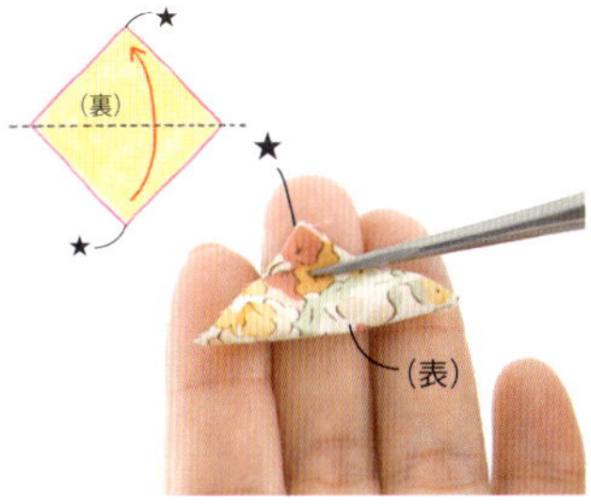

1. 花びら用布を、裏を上にして手に置き、ピンセットで★と★を合わせるように折り上げます。

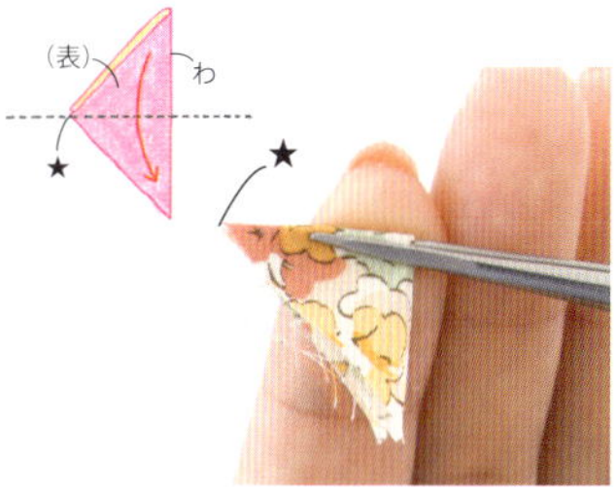

2. 1で折った布のわを右にしてピンセットで三角の中心をはさみ、上から下へピンセットを倒すように動かして半分に折ります。

3. ★の位置を指で持ち、反対側の頂点を少量のボンドをつけたピンセットではさみます。三角形の右側の辺に沿わせ、ピンセットの先を軸にして☆に向かって巻き上げます。

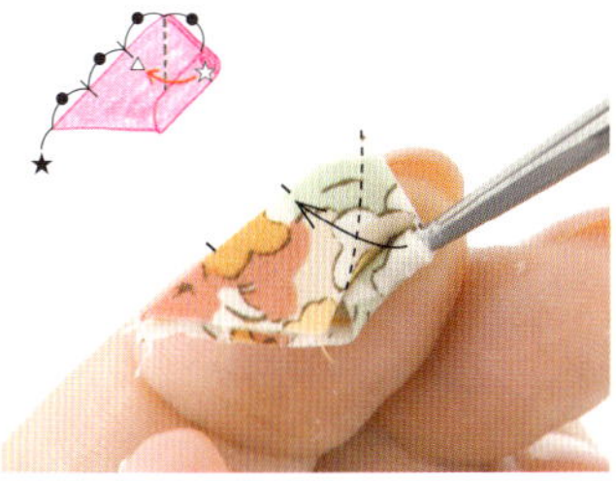

4. ☆まで巻き上げたら一旦ストップし、巻き上げた部分の足を軸にして、☆を△につけるように大きく巻きます。

5. 一度ピンセットを抜き、ピンセットで斜線部分にボンドをつけます。

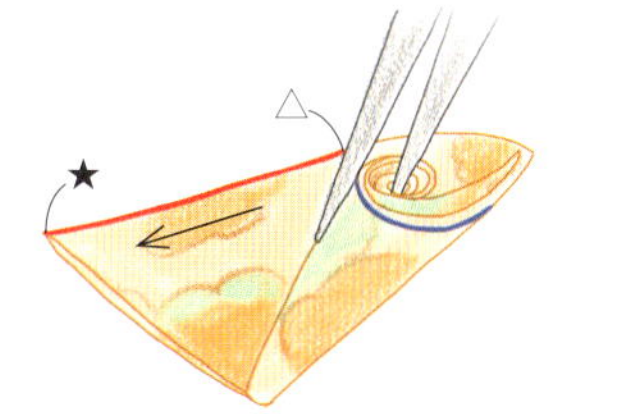

6. ピンセットで巻きの中心をつまみ直し、ボンドをつけた部分を巻き始めます。−の辺を∪に沿わせて巻きつけます。

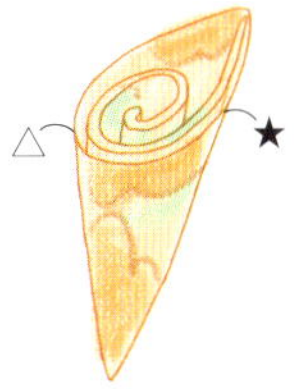

7. ★部分が下に下がらないよう、ぴったり巻きつけましょう。

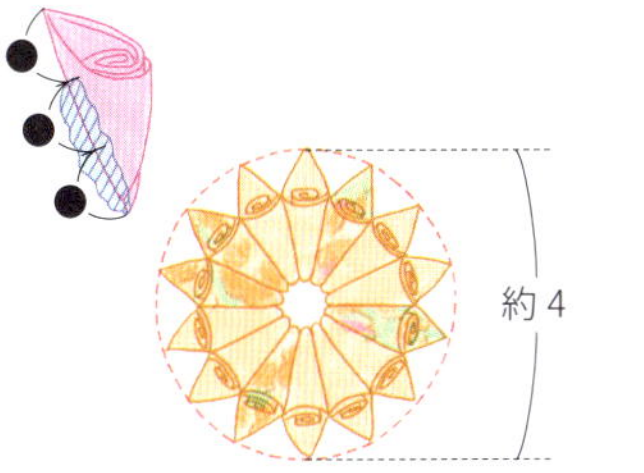

8. 左上のイラストのように花びらの後ろ側（とがった方）の高さの2/3にボンドをつけ、1段目の花びらをCDケースの上に直接葺きます。花びらの先できれいな円を描くように置きましょう。巻き具合や布の厚みによって花びらの枚数が変わります。ここでは直径約4cmに14枚を並べました。

9. 2段目の花びらも同様にボンドをつけ、2段目の花びらを10枚葺きます。バランスをみながら3段目は5枚の花びらを葺きます。

10. 横から見た時に花びらがきれいな曲線を描くよう、指とピンセットで全体の形を整えます。p.40の花は、直径約5cmで1段目に17枚、2段目に10枚、3段目に4枚の花びらを葺いています。花びらは少し多めに作っておくと安心です。

ボンドが完全に乾くまで乾燥させ、CDケースからはがせばできあがり。

葉のつまみ方

「つまみの葉」

葉をポイントとして使いたい時に。花びらと一緒に土台布の上に葺きます。

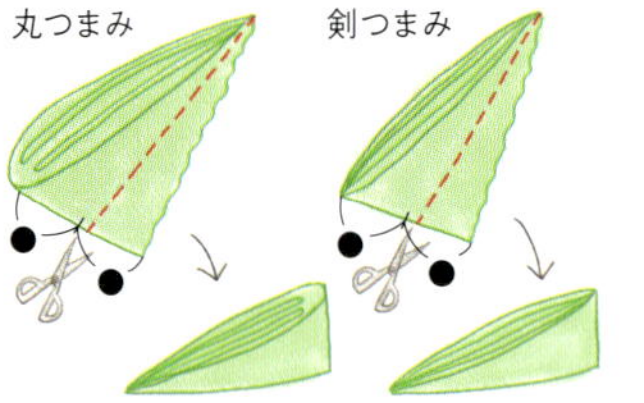

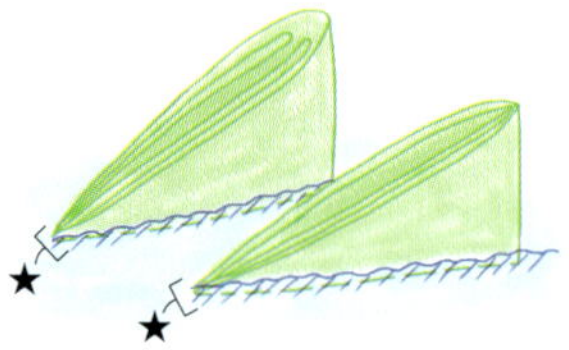

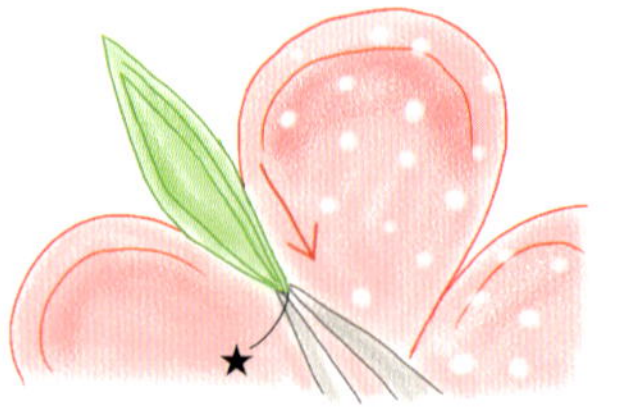

1. 花びらと同じタイミングでのりの上に置きます。p.19、p.29の1～6を参照して葉をつまみ、図のようにカットします。

2. ★の部分が開かないように指を添えながらピンセットを離し（p.15-3）、のり台の上で15分休ませます。

3. 花びらを花の形に葺き終えた後で、葉の先をピンセットではさみ花びらの間に差し入れます。ボンドが完全に乾いたら、花びら部分と一緒に葉の部分も余分な土台布をカットします。

「三枚葉」

葉のふくらみを残した、独立した三枚葉です。ワイヤー台（p.68）を使って花と一緒にまとめます。

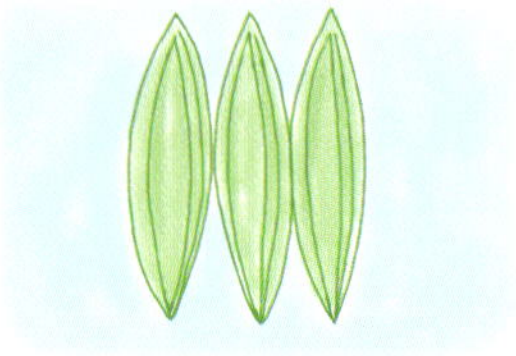

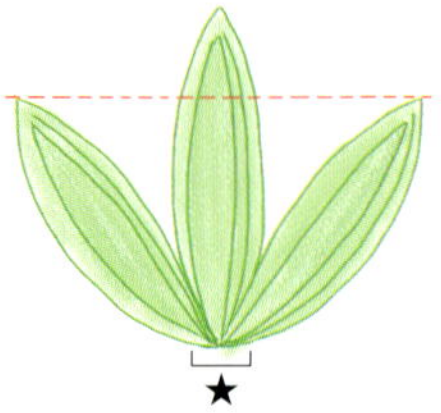

1. p.19、p.29の1～7を参照して底をカットし、のり台の上で15分休ませます。

2. のりのついていないCDケースの上に移動させ、三枚葉の形に整えます。左右の葉の開きと高さが均一に、中央の葉が少し高くなるようにするときれい。そのままのりを乾かします。

3. のりが完全に乾いたらCDケースからはがし、余分なのりをカットします。三枚葉はワイヤー台（p.68）につけて使うことが多い葉です。

「下がりの葉」

紐の上につける場合など、裏が細く仕上がる葉です。

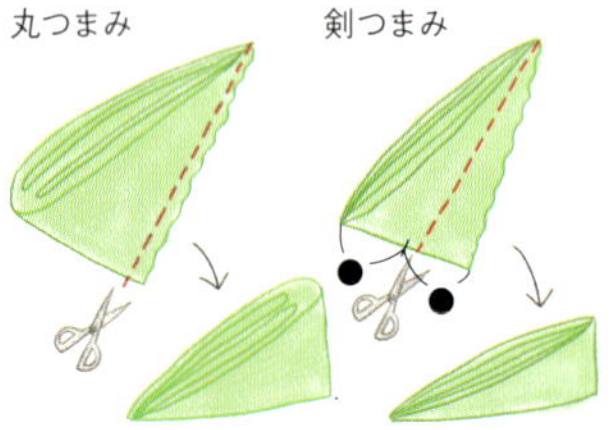

1. p.19、p.29の1～7を参照して底をカットする工程までを行います。

2. 指先にボンドをとり、1の底に塗り込みます。

3. ボンドを塗った底を指で強くはさみ、底をぴったり閉じます。

「剣つまみの裏返し葉」

裏返すことで立体的な葉になります。高さを抑えたい時は底を閉じた後、底を左右どちらかに折ってから裏返します。

1. p.29の1～5を参照して葉をつまみます。端切りはせず、底に指でボンドを塗り込みます。

2. 底をしっかりと指ではさんで、ぴったり閉じます。

3. ボンドが完全に乾いたら葉の根元をしっかりと指で押さえ、葉先をピンセットでつまんで裏返します。

Chapter2 卦《け》の日を彩るアクセサリー

2Way コサージュ

カラーリネンとリバティプリントの 2Way コサージュ。ネックレスチェーンにつけたりブローチにしたり、使い途はいろいろ。

作り方／ p .82
つまみ方／ 40・42→p .33、41→p .31

オーガンジーのアクセサリーセット

シルクオーガンジーの庚申バラにはパールを合わせて大人っぽい印象のアクセサリーに。フォーマルなシーンにも。

作り方／ p .85
つまみ方／ 43～45→p .35、46→p .41

三輪コサージュ

基本のつまみ方でできるシンプルな花を組み合わせたカジュアルコサージュ。台の作り方は晴れの日の大作と共通だから、練習にも最適です。

作り方／p .84
つまみ方／丸つまみ→p .19、剣つまみ→p .29、二重の剣つまみ→p .31

49

コスモスのブローチ

むら染めのコットンでコスモスの揺れるような色合いを表現しました。淡いピンクと濃いピンクを組み合わせて元気なイメージに。

作り方／p .86
つまみ方／花→p .27、葉→p .42

Chapter3

つまみ細工のある暮らし

50

サンキャッチャー

キラキラと可憐な光をとらえるサンキャッチャーは、真っ白のコットンでさりげないインテリア飾りに。

作り方／p .87
つまみ方／剣つまみ→p .29、二重の剣つまみ→p .31

マグネット

お花の裏にマグネットを貼るだけで簡単にできるマグネット。壁に貼ったり冷蔵庫に貼ったりと、大活躍まちがいなし。

作り方／ p .88
つまみ方／ 51 ～ 53･55→ p .29、54→ p .21、56→ p .25

リース

つたを丸めた簡単リースに
つまみ細工の花を添えて。

作り方／ p .88
つまみ方／丸つまみ→ p .19、剣つまみ→ p .29、二段の剣つまみ→ p .31

58

しめ縄

市販のしめ縄をつまみ細工の花飾りでアレンジしました。手づくりのお正月飾りで新しい年を迎えましょう。

作り方／p .89
つまみ方／丸つまみ→ p .19、二重の丸つまみ・二段の丸つまみ→ p .21、葉→ p .42

ポチ袋

シンプルなポチ袋につまみの葉を1つ。ちょっとしたことだけど、温かい気持ちが伝わります。

作り方／p .89
つまみ方／ 59 → p .31、60 → p .42

59

60

61

つるし飾り

つまみ細工の花でぎっしり覆った手まりをつるし飾りに。青い剣つまみは初夏に飾りたいクールなイメージ。ピンクと赤の丸つまみは、ひな人形と一緒に飾るのも素敵です。

作り方／p.90
つまみ方／61→p.29・p.31・p.42、62→p.19・p.21・p.42

62

つゆつきの布合わせ

同じ花でも、色や布の種類でぐっと雰囲気が変わります。
自分の好きな組み合わせはノートに貼っておくと、後から見返すのも楽しい。
つゆつきの布合わせポイントを公開します。

【和】ちりめん

丸つまみの花はちりめんで作るとぽってりかわいい印象。

紅白は潔いまでの美しさ

＋

金散らしを加えると晴れの日感アップ

使う場所で柄の出方が変わるので、
折る時に気をつけましょう

はっきりした色は子どもらしく元気な雰囲気に

グラデーション布でつまむ時は薄～濃の順に花びらを葺くときれい

緑選びはとても大事
お花に合わせてみて雰囲気を確認

小水玉は派手すぎず、小粋な印象

柄に入っている色を集めると全体にまとまりやすい

ちりめん…凹凸がある織り物のこと

◎レーヨン100%
鬼ちりめん…凹凸が大きく、ぽってりとしたかわいさ
一越ちりめん…凹凸が細かく上品で繊細に

◎絹100%（一越ちりめん）…上品な光沢が美しい

×ポリエステル100%…のりを吸わないのでつまみ細工には不向き

二重のつまみ細工が
きれいに仕上がる順
（つゆつきのおすすめ）

1 (外)一越 × (内)一越
2 (外)鬼 × (内)一越
3 (外)一越 × (内)鬼
4 (外)鬼 × (内)鬼

※鬼（レーヨン）ちりめんは手芸店で購入可能。一越ちりめんや絹製のちりめんはインターネットショップでも販売されています。

【洋】コットン・リネン

角をすっきり出したい剣つまみには薄手のコットンやリネンがおすすめ。
ちょっとくすんだ色を選ぶと上品で大人っぽい印象に。

POINT

初心者さんには、形を作りやすいコットン100%やリネン100%がおすすめです。剣つまみの角をシャープに作りたい時は薄手の布、丸つまみをふっくら仕上げたい時は少し厚手の布を使いましょう。最初は薄手の布が扱いやすいと思いますが、厚手の布も作品が丈夫になるなど良い点もあります。慣れてきたら是非チャレンジしてみてください。

グラデーションやむら染め生地を使うとニュアンスが出てきれい

リネン100%がおすすめ
剣つまみは薄手、丸つまみには厚手のものを

大好きなスモーキーピンク
上品なかわいさ

柄布の模様を切り取って
むら染め風に使うのも楽しい

織りむらも雰囲気が出て素敵

柄の輪郭線が強すぎない方が優しい雰囲気に仕上がります

水玉・ストライプ・チェックは定番の人気

ちょっとくすんだ緑が使いやすい

はっきりした色は派手な印象になりやすいので
シーンに合わせて使いましょう

◉二重《ふたえ》にして使う時

落ち着いた色のリネン×ドット柄
＝大人にもかわいい！

厚い生地を二重にする時は
角をぴったり揃えるのを意識して

同色を二重にすると、華やかだけど
派手すぎず色々な服に合わせやすい

内側を無地布にすると柄が主張しすぎず、
どんな洋服にも合わせやすい

柄布を内側にするか外側にするかで
印象がすごく変わる！

ギフトラッピング

特別な贈り物は手作りのラッピングで気持ちを伝えましょう。マグネットやブローチピンを添えてプレゼントしたら、ラッピングを開けた後にも楽しめます。

作り方／ｐ.81
つまみ方／丸つまみ→ｐ.19、剣つまみ→ｐ.29、葉→ｐ.42

Chapter4

晴《は》れの日のつまみ飾り

64

ナチュラルコサージュ

作り方／p .92

ナチュラルコサージュ

つゆつきの花の周りに丸つまみと剣つまみを合わせた華やかなコサージュ。色合わせによって、カジュアルにもフォーマルにも使えます。

作り方／p .92
つまみ方／つゆつきの花→p .33、丸つまみ→p .19、二重の丸つまみ→p .21、剣つまみ→p .29、二重の剣つまみ→p .31

成人式の髪飾り

四輪花の髪飾りは主にちりめんでかわいらしく、丸い鞠飾りは正絹で大人っぽく仕上げました。卒業式や和装の結婚式にも。

作り方／67→p.93、68→p.91
つまみ方／67→p.19・p.23・p.42、68→p.19・p.21・p.42

七五三の髪飾り

着物に合わせて作ってあげたい七五三の髪飾り。ちりめん特有の、ふっくらした質感がかわいらしい。

作り方／p .94
つまみ方／p .19・p .21・p .33・p .42

鞠かんざし

小さな小さな鞠かんざしには、ちりめんの丸つまみを敷き詰めて。七五三の髪飾りと組み合わせてもかわいい。

作り方／p .93
つまみ方／p .19

※ボンドが固まってつまようじが抜けなくならないように、作業の途中で時々回転させましょう。
あらかじめ1.5㎝角の布を90枚程用意し、球を片手に持ったまま、基本の丸つまみ（p .19）を「つまむ→のりをつける→葺く」を繰り返します。

Point Lesson
くす玉の葺き方

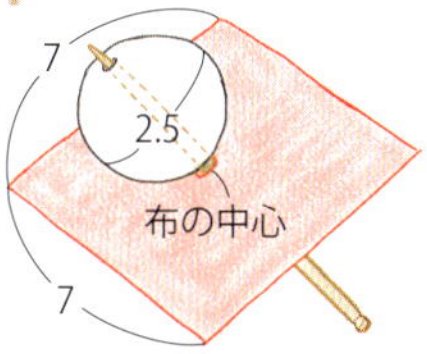

1.つまようじに7㎝角の布と直径2.5㎝の発泡スチロール球を刺します。布は花びらの色に合わせ、目立たない色を選びましょう（ここでは見やすくするために赤い布を使います）。

2.発泡スチロール球にボンドを塗り、球の中心に向かって布の四隅を引き寄せます。

3.つまようじで開けた穴を目安に、球の中心で布の四隅が合わさっていることを確認しましょう。

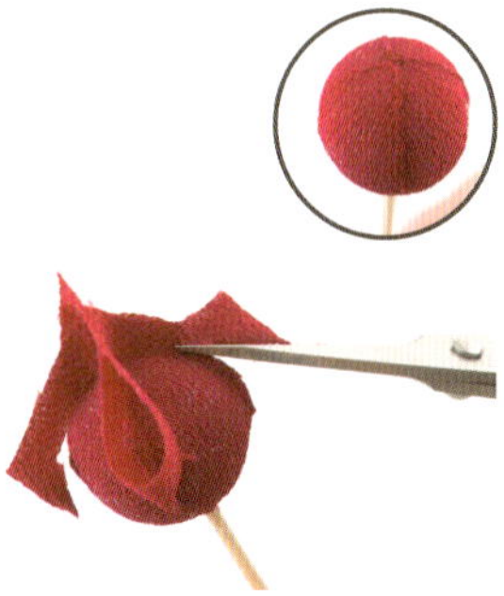

4.ひだを左右に折りながら空気を抜いて、しっかりと貼りつけます。ひだを球に沿ってはさみでカットします。切り口は指でなじませ、きれいな球にします。

5.球の中心を基準に十字に花びらを葺き（+）、十字の間に1枚ずつ花びらを葺きます（----）。右上の写真のように指で先をとがらせ、のりをたっぷりつけて葺きましょう。

6.球を片手に持ったまま2段目の花びらを1枚つまみ、のりをたっぷりつけて1段目の花びらの間に差し込むように葺きます。これをくり返します。

7.6で葺いた花びらの間に、さらに1枚ずつ花びらを葺きます。すべて葺き終えたら横から確認しながら、ピンセットで2段目の高さを揃えます。2段目の花びらは全部で16枚。3段目からは2段目の花びらの真下に同数（16枚）の花びらを葺きます。

8.すき間によって花びらの枚数を調整し、花びらがつぶれないように葺きましょう。横の列を揃え、球に沿って徐々に花びらが下を向くようにします。

ウェディングブーケ

一生の思い出に残る結婚式に、手作りのブーケを。ドレスカラーに合わせて布と花芯の色を選びます。

作り方／ｐ.95
つまみ方／ｐ.19・ｐ.21・ｐ.29・ｐ.31・ｐ.33

77

和と洋が出逢う街・神戸ガイド

つゆつきの目指すつまみ細工は、洋服にも気軽に合わせられる、コットンやリネンなど身近な『洋』の布で日本の美を伝えられる、そんなつまみ細工。
古いものを愛おしみ、その時代に合った形で作っていく。
和と洋、古いものと新しいものが調和する神戸の街は、私の思い出がいっぱい詰まった、そして作風の原点ともなった大好きな街。
ここではそんな神戸を代表する、新幹線・新神戸駅からもほど近い北野異人館をご紹介します。
うろこの家・英国館・洋館長屋はこの本の撮影にも使われた建物です。
つまみ細工のアクセサリーを身に着けて、ぜひ神戸散策を楽しんでください。

◎神戸・北野異人館

開港を機に、神戸には多くの外国人が来日するようになり、やがて港が一望できる高台の山の手に外国人住宅である異人館が集まりました。明治時代から昭和初期にかけて建てられたこれらの住宅は、現在でも20数棟が残されています。それぞれの建物が個性的な姿を見せ、今なお異国情緒豊かな当時の面影をしのばせる独特の景観を楽しむことができます。

公開時間：9：30～18：00（4月～9月）
9：30～17：00（10月～3月）
年中無休
※「神戸トリックアート不思議な領事館」の最終入館は閉館時間の30分前

8館特選入館券が便利でお得です。
大人:¥3,000　小学生:¥800（神戸トリックアート不思議な領事館は除く）
販売場所：チケットプラザ（神戸トリックアート不思議な領事館下）

◎うろこの家・うろこ美術館

旧ハリヤー邸・明治38年築
国指定登録文化財、兵庫県指定住宅百選の館
TEL0120-888-581
入館料　大人:¥1,050
小学生:¥200(うろこ美術館含)

神戸のシンボルとして高台にそびえる異人館

外国人向けの高級借家として旧外国人居留地に建てられ、明治後期に現在地へ移築された、神戸で最初に公開された異人館。外壁を覆う天然石のスレートが魚のうろこに似ているところから、「うろこの家」の愛称で呼ばれています。

1. 館内のインテリアは昔のまま保存されています。質の高い西洋の青磁器のコレクションは必見。 2. アンティークの家具調度品の数々が揃う。 3. うろこの家の前庭にある「カリドン(ポルチェリーノ)の猪」はギリシャ神話に登場する猪。鼻に触れると幸運を呼ぶといわれています。 4. ガラスの照明やステンドグラスも素敵。 5. 2階のテラスからは神戸の街が一望できます。

◎英国館

旧フデセック邸・明治40年築
神戸市指定No.10伝統保存建造物
TEL0120-888-581
入館料　大人:¥750　小学生:¥100

イギリス人が愛した異国情緒たっぷりの異人館

医師フデセック氏の住居として使われていたコロニアル様式の異人館。明治の建築当時のままに保存されています。館内はバロックからビクトリア朝時代の格調高いアンティーク家具・調度品や様々な絵画・美術品に飾られ、往時の英国人の生活様式を再現。英国館100年記念に作られた、シャーロック・ホームズの部屋も必見です。公開時間終了後はBARキング・オブ・キングス(17:00～翌1:00、日・祝休)として営業。

1.いにしえの倫敦(ロンドン)にタイムスリップしたかのような雰囲気。2.古い洋館につまみ細工が似合います。3.4.2階に再現されたシャーロック・ホームズの部屋。天井にも仕掛けが。5.タータンチェックの絨毯がイギリスらしい。

◎洋館長屋

旧ポシー邸・明治37年築
神戸市指定No.8伝統保存建造物
TEL0120-888-581
入館料　大人:¥550　小学生:¥100

2軒が左右対称に建つ風変りな異人館

もとは外国人向けのアパートでしたが、今は館内の調度品や工芸品などはフランス関係の展示物で統一されています。細分化された小ルームに、ナポレオン時代の家具や19世紀末の調度品が置かれ、復古調も深いのが印象的。特にアールヌーヴォーの花形作家ガレ、ドーム兄弟のガラス工芸の優品は注目です。

1.トリコロールカラーの看板が目印。2.館内にはフランス関係の家具や調度品が。華奢で優雅な家具はミニチュアのよう。 3.家具のディティールも細部までかわいい。 4.ガレやドーム兄弟のガラス工芸も贅沢に展示されています。

つゆつきおすすめの材料が買えるお店・お問い合わせ先

つまみ堂

http://tsumami-do.com/

世界で唯一の、つまみ細工の本格体験型店舗。伝統的なつまみ細工の用具・材料が豊富に揃います。この本ではp.10「紅葉の髪飾り」などに、羽二重（4匁目）を使用しました。カット済みの羽二重や、職人さんによるつまみ細工作品も購入できます。講習会やインターネット通販の詳細はHPをご覧ください。

東京都台東区浅草橋3-20-16

Tel.03-3864-8716

貴和製作所

http://www.kiwaseisakujo.jp/

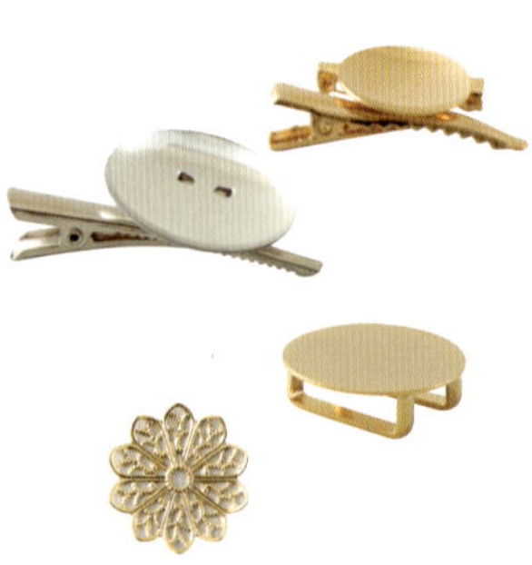

つまみのお花をアクセサリーに仕立てる時に欠かせないアクセサリーパーツの専門店。様々な種類のパーツが揃うので、見ているだけで創作意欲が湧いてきます。ショップでは講習会も充実！ 店舗とインターネットショップで購入できます。

東京都台東区浅草橋2-1-10 貴和製作所本店ビル1F-4F（浅草橋本店）

Tel.03-3863-5111（浅草橋本店）

（株）リバティジャパン

http://liberty-japan.co.jp/

この本で使ったのはリバティプリントの代表的な生地、タナローン。質感がつまみやすく、柄や色使いが上品でどんな作品にもしっくりと馴染みます。つゆつきのおすすめは小さめの花柄。つまんでお花にしても柄が良く見えて素敵です。

東京都渋谷区恵比寿南1-9-6

恵比寿パークプラザ2F

Tel.03-6412-8320（代表）

布がたり

http://www.nunogatari.co.jp/

和風の布やちりめんが豊富に揃うインターネットショップ。一越ちりめんの色や柄も豊富で、イメージ通りの布が見つかります。和柄のコットンなど、他にはない布も魅力です。10cmから、10cm単位で購入できるのも嬉しい。

奈良県香芝市下田東1丁目470-1

Tel.0745-78-7558

（インターネットショップのみ・来店ご希望の場合はご連絡ください）

アットホビー@スタイリストゴトウ

http://www.rakuten.co.jp/stylistgoto/

生地・手芸・洋裁材料のお店。ナチュラルテイストの布の品揃えが豊富です。ベーシックな無地布や定番のドット、ストライプなど、どんな作品にも使いやすいコットンやリネンはこちらでまとめて購入することも。インターネットショップの他、石川県・金沢には実店舗もあります。

石川県金沢市藤江北4-464（駅西店）Tel.076-267-4801

作品の作り方

◉作り方の中で、特に指定の無い数字の単位はcmです。
◉花モチーフ、葉のつまみ方はp.19 ～ 42を参照してください。
◉アクセサリーパーツの使い方、台の作り方、まとめ方はp.66～70を参照してください。
◉この本の作品に使用しているちりめんは、すべてレーヨン製です。
◉**[布の種類]**は、(用途) 布の種類[色名] の順に表記しています。

難易度の目安

★マークは作品の難易度を表します。

★☆☆…初心者さんにおすすめ。ボンドを乾かす時間を除けば、1時間位で仕上がります。
★★☆…基本の丸つまみ・基本の剣つまみをマスターしたら作ってみましょう。花の形が上手にできたら、仕立ては簡単です。
★★★…花にワイヤーの台をつけて仕上げたり、花をたくさん作ります。「この日に使いたい」という予定があれば、少し余裕をもって作業を始めましょう。

特に指定のない材料は、下記のお店・お問い合わせ先の商品です。
※お問い合わせ先詳細はp.64を参照
・アクセサリーパーツ・ビーズ…貴和製作所
・羽二重…つまみ堂
・リバティプリント…(株)リバティジャパン
・レーヨンちりめん・一越ちりめん…布がたり

貼るだけ・簡単なアクセサリーパーツの使い方

9ピン

先が丸く曲がっていて、数字の9に似ていることから9ピンと呼ばれます。この本では曲げた9ピンを2Way クリップピンの間にはさんで下がりのフックとして使います。

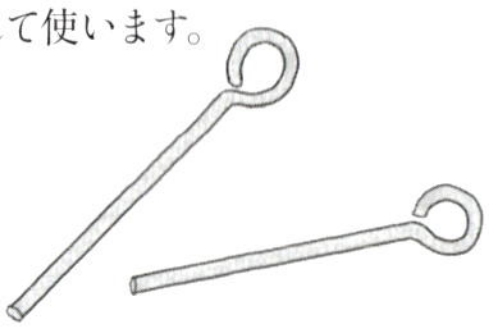

［この本の9ピンの使い方］

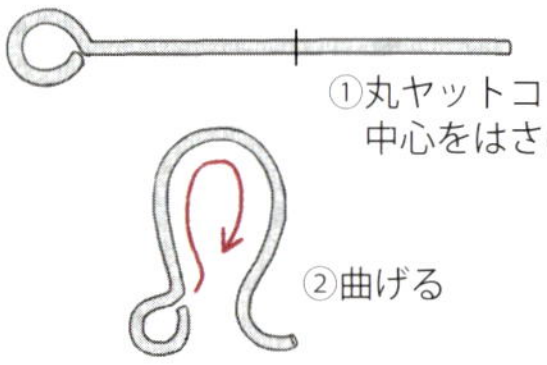

1. 丸ヤットコでΩ型に曲げます。

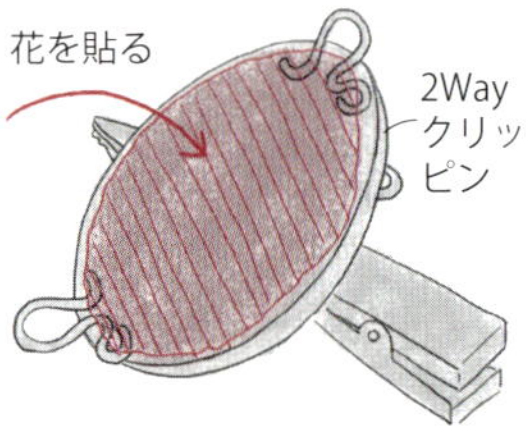

2. 2Way クリップピンの中にボンドをたっぷり入れたら1で曲げた9ピンを乗せ、花モチーフを貼ります。

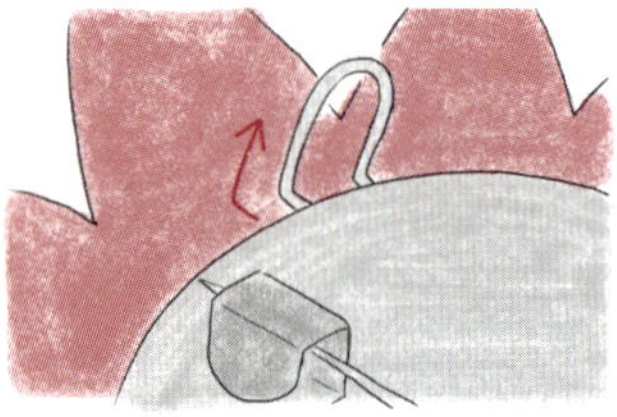

3. ボンドが完全に乾いたら、下がりをかけやすい位置まで9ピンを立ち上げます。

他にもいろいろ
貼るだけでできるアクセサリーパーツ

●おわんになっているもの

ネックレストップ金具やブローチピン金具など、おわん型になっているものは下の2Way クリップピンと同様に、ボンドをたっぷり入れて花モチーフを接着します。深さのあるものには余り布の端切れを入れましょう。

●接着面が平らなもの

帯留め金具やイヤリングパーツ、リング台など、接着面が平らなものには、金属と布を接着できる強力接着剤を使いましょう。

［2Way クリップピンの使い方］

この本の作品にもっともよく使うのが、2Way クリップピン。ブローチピンにも髪留めにもなり、便利です。着用時に使いやすいよう、クリップピンの向きを考えて貼りましょう。

1. 2Way クリップピンのおわんの中に余り布の端切れをボンドで貼ります。

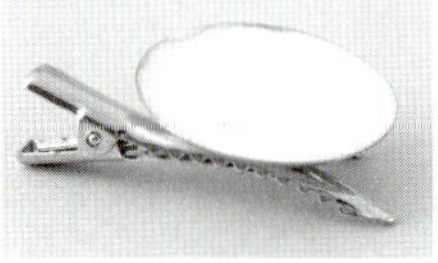

2. おわんがいっぱいになるまで、ボンドをたっぷり入れます。

3. 花モチーフを貼ります。花の形が崩れないように注意しながらしっかり押さえ、ボンドを完全に乾燥させます。

チェーン下がりの作り方

Tピン

横から見るとアルファベットのTに見えることからTピンと呼ばれます。ビーズを通して先を丸め、チェーンなどにつなぎます。

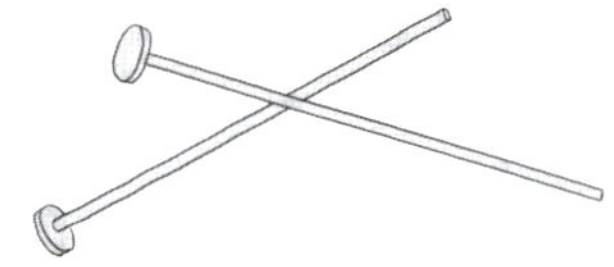

［Tピンの使い方］

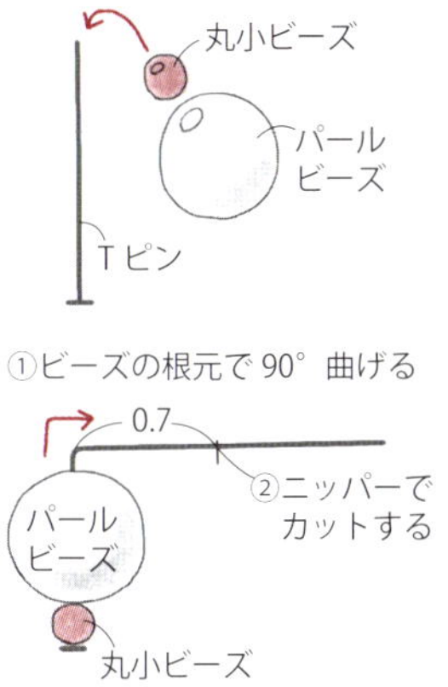

1. 丸小ビーズ、パールビーズの順にTピンに通します。メインのビーズの大きさに合わせて、Tピンの長さを選びましょう。ビーズの根元でTピンを90度曲げ、曲げたところから0.7cmのところをニッパーでカットします。

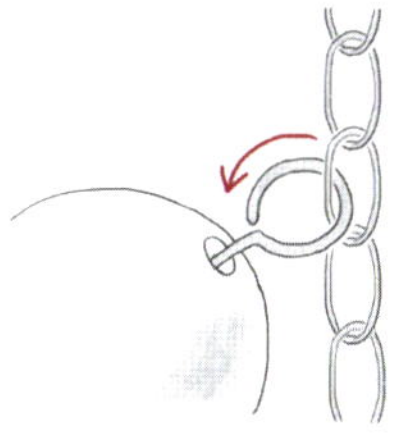

2. 先を丸めてチェーンにつなぎ、しっかり閉じます。この時、1で曲げた部分がのびないように注意しましょう。

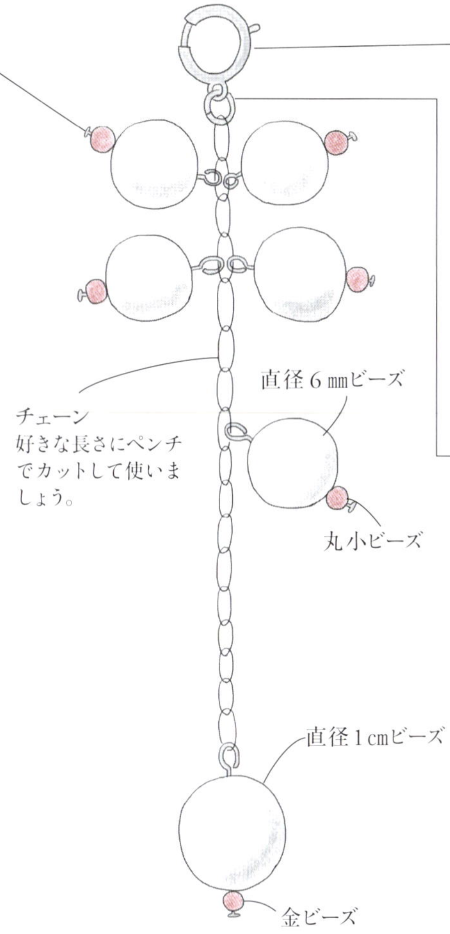

カニカン

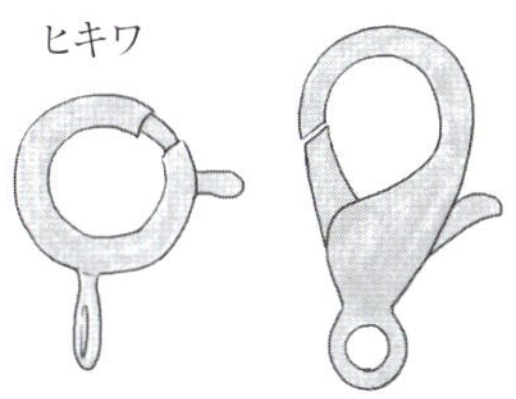

ネックレスなどでおなじみの留め金具。丸カンを使ってチェーンとつなぎましょう。

丸カン

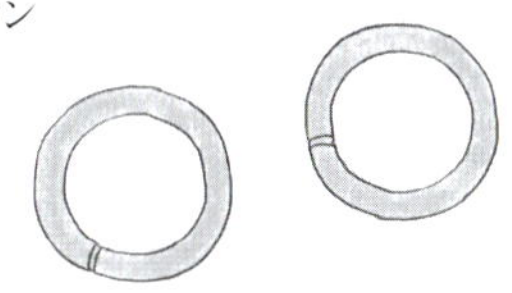

パーツ同士をつなぎ合わせるための接続金具。色や大きさに様々な種類があります。

［丸カンの使い方］

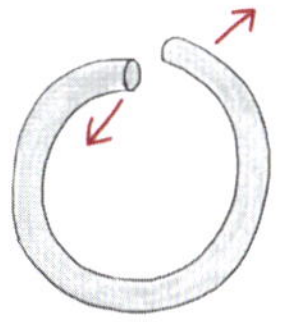

1. ペンチで両端を持ち、前後にずらすように開きます。

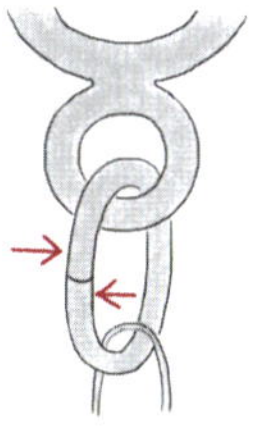

2. パーツ同士を接続し、ペンチで閉じます。

スカシパーツ

様々な形・大きさのものがあります。土台として使います。

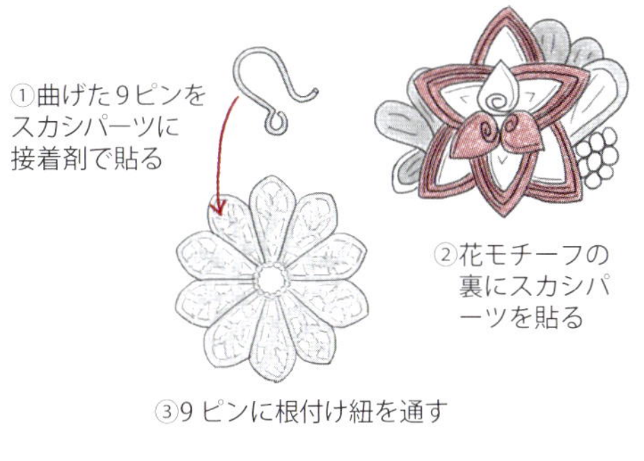

つぶし玉

ペンチ等でつぶして使います。ナイロンコードワイヤーやテグスに通したビーズを固定したり、先端の処理などにも使用します。

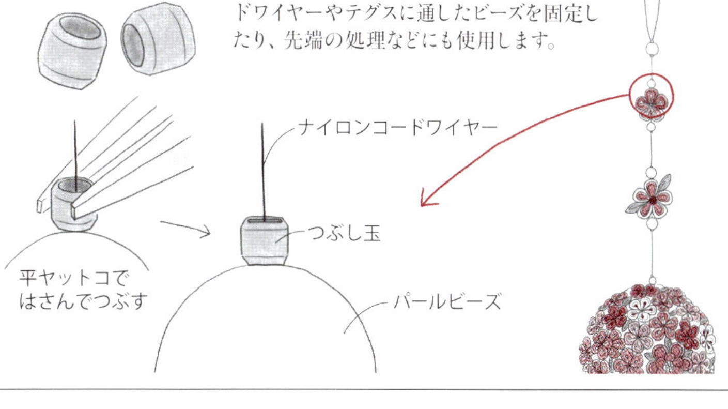

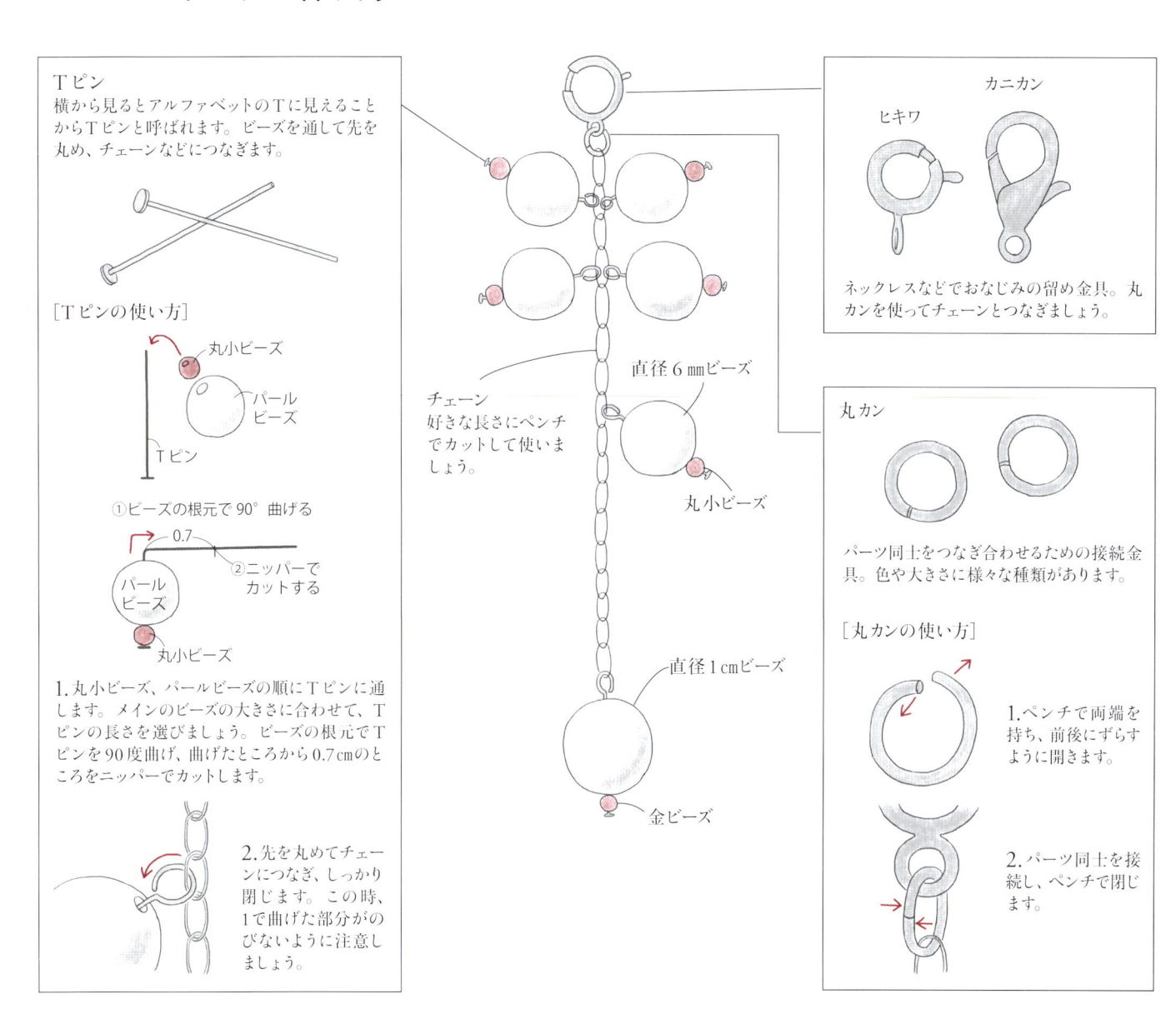

ワイヤー台の作り方

複数の花や葉をまとめてアクセサリー金具に取りつける時は、ワイヤー台をつけます。

◎花の台の作り方

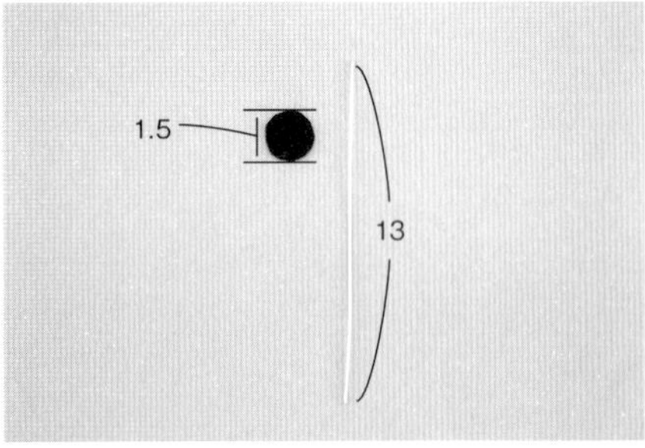

材料
ワイヤー（#24）13cm×1本
合皮（直径1.5cm）×1枚
※合皮の大きさは花の大きさに合わせて調整しましょう。ここでは基本の丸つまみの花のサイズに合わせています。

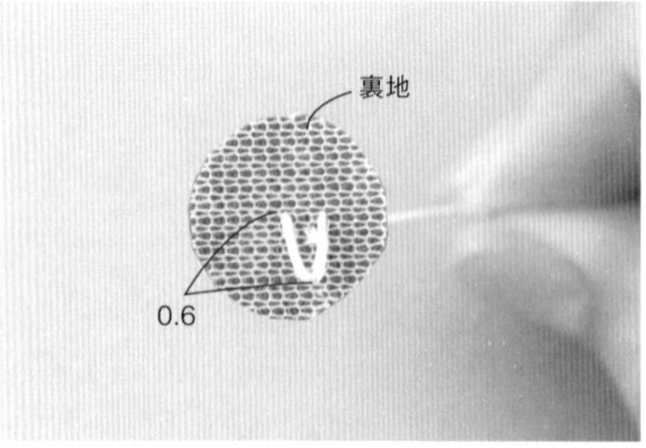

1. 合皮の中心にワイヤーを通し、ワイヤーの先を約0.6cm、2回折り曲げて抜けないようにします。

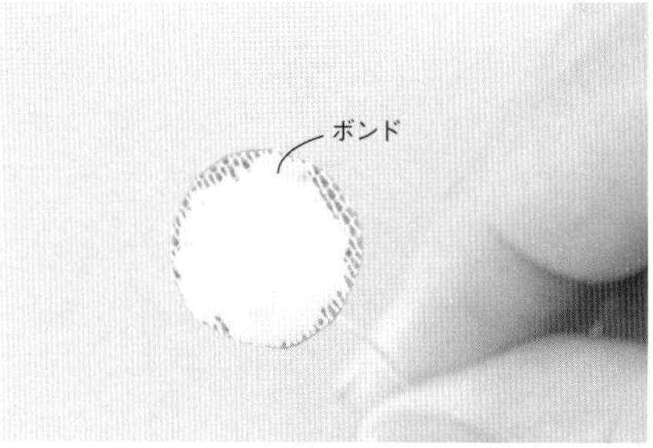

2. 合皮の裏側にボンドを塗ります。

3. 花モチーフの裏側に貼りつけ、ボンドが完全に乾くまで乾燥させます。

◎葉の台の作り方

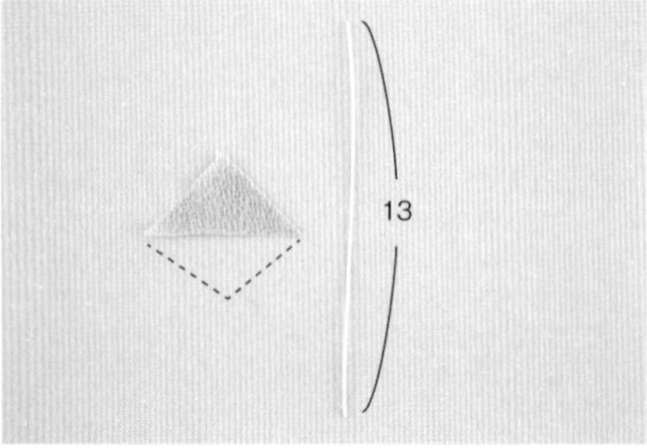

材料
ワイヤー（#24）13cm×1本
葉と同素材・同サイズの布×1枚
※布は対角線で半分にカットして使います。

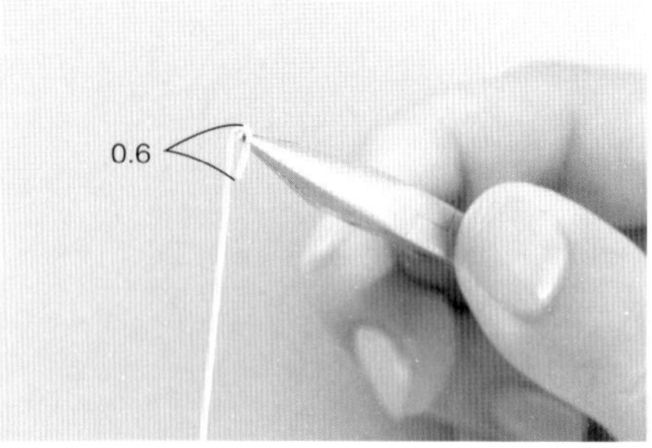

1. ワイヤーの先を約0.6cm、先が丸くなるように折り曲げます。

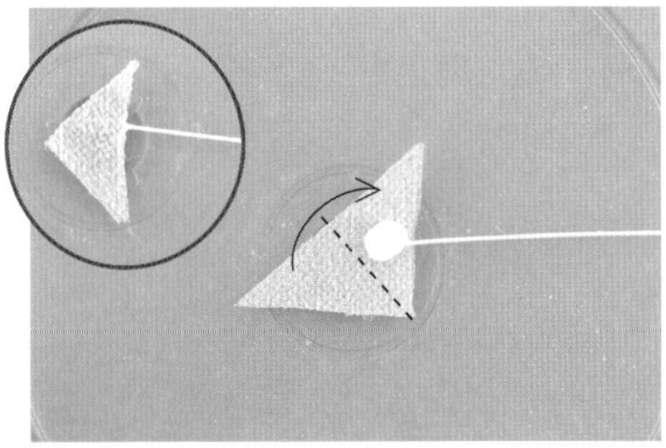

2. 布の上にボンドを落とし、1で曲げたワイヤーをボンドの上に重ねます。布を三角に折り上げて貼り合わせます。

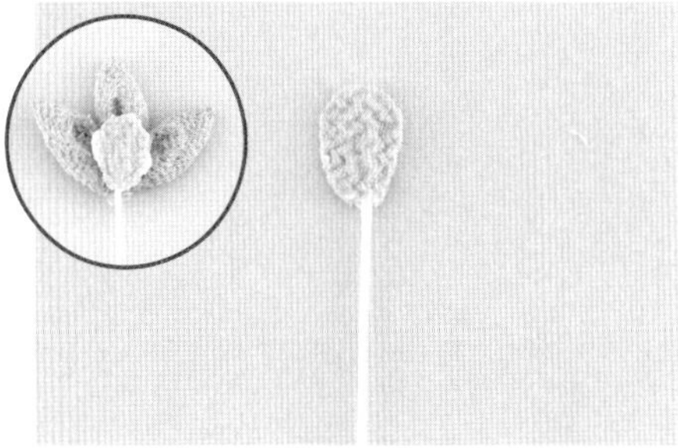

3. ボンドが乾いたらワイヤーに沿って余分な布を切り落として滴型に整え、葉モチーフの裏にボンドで貼ります。

◎ワイヤー台つきの花と葉に2Wayクリップピンをつける

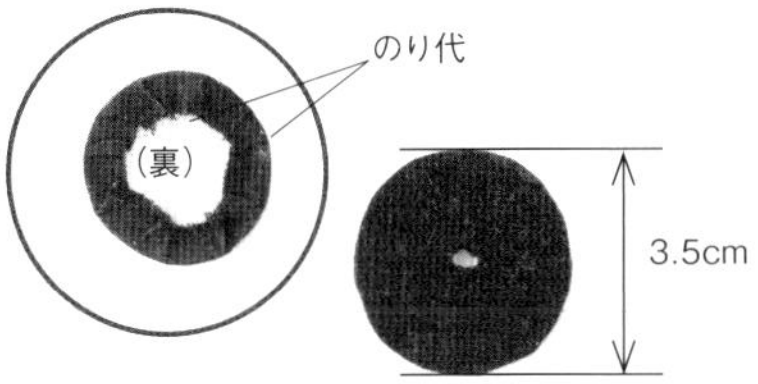

1. 直径3.5cmに丸くカットした厚紙を黒い布でくるんでボンドで貼り、中心に目打ちで穴を開けます。この時、ボンドはのり代だけに塗ります。

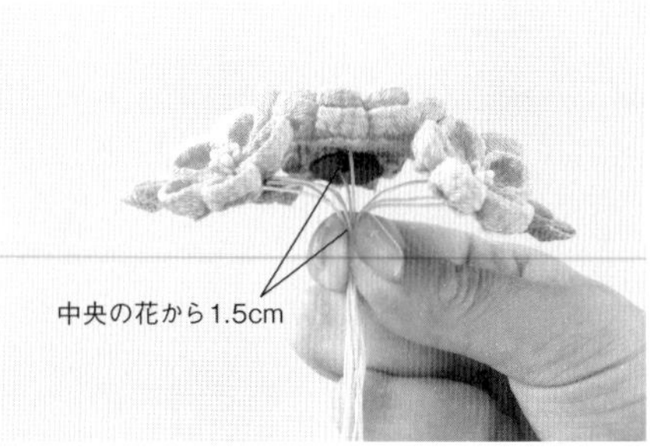

2. 左頁を参照して作った台つきの花と葉をまとめ、横から見た時もきれいに見えるようにワイヤーを折り曲げて形を整えます。

3. 2で束ねた中でいちばん長いワイヤーを他のワイヤーに強く巻きつけて固定します。ワイヤーを曲げた位置から下が5cmになるよう、ニッパーでカットします。

4. 3に1を、ワイヤーを曲げた位置まで通します。

5. 平ヤットコで花側のワイヤーをはさみ、ねじった部分のワイヤーを90度倒して丸い台を固定します。そのまま、なるべく平らに直径2.8cmの円に収まるようにワイヤーを巻きます。

6. 2Wayクリップピンのおわんの中に、丸くカットした余り布をボンドで貼ります。

7. 6の上からボンドを入れます。おわんがいっぱいになるまでたっぷり入れましょう。

8. 5を7と合わせ、洗濯ばさみ等でしっかり固定します。ボンドが完全に乾くまで乾燥させ、花を金具の方へ押して形を整えたらできあがり。固定する時はブローチピンを開き、金具を傷めないよう注意しましょう。

◎七五三のスリーピンと下がりのくま手の作り方　―糸を巻いて固定する方法―

七五三のスリーピンの作り方

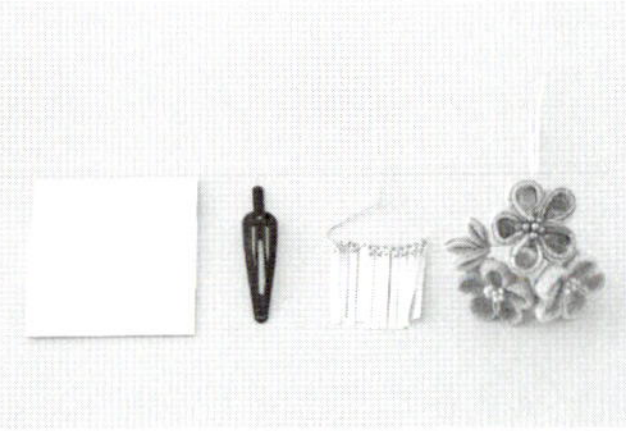

1. 材料を揃えます。p.69の2、3を参照して三輪の花と葉をまとめます。

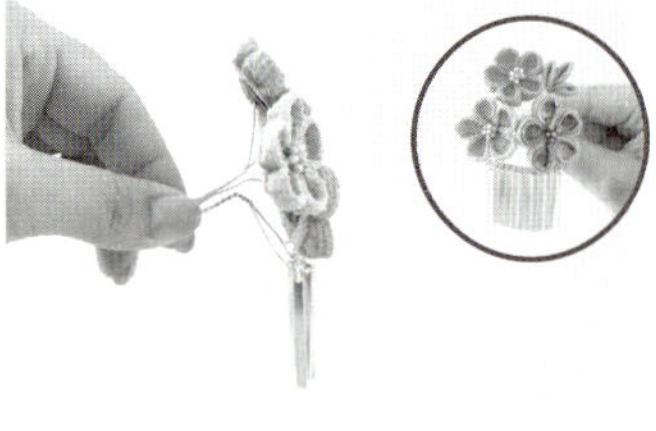

2. 前から見た時に右上の写真のようになるよう、バランスをみながら花と葉、銀ビラの角度を調整します。

3. ワイヤーを曲げた位置から下が3cmになるようニッパーでカットし、ボンドを塗って極天糸をきつく巻きつけて固定します。その後、スリーピンのツノの長さに合わせて極天糸ごとカットします。

4. ボンドをつけたスリーピンのツノに極天糸を2～3回巻きつけてから3を合わせ、さらに極天糸を巻きつけて固定します。巻き終わりは指でボンドを塗り込んでとめます。花の角度を45度上に曲げて使います。

下がりのくま手の作り方

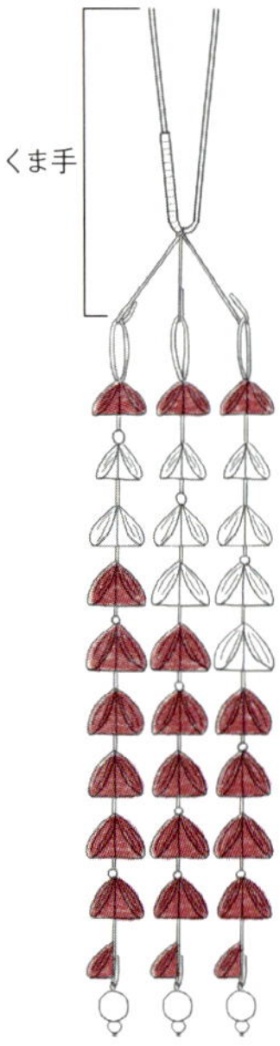

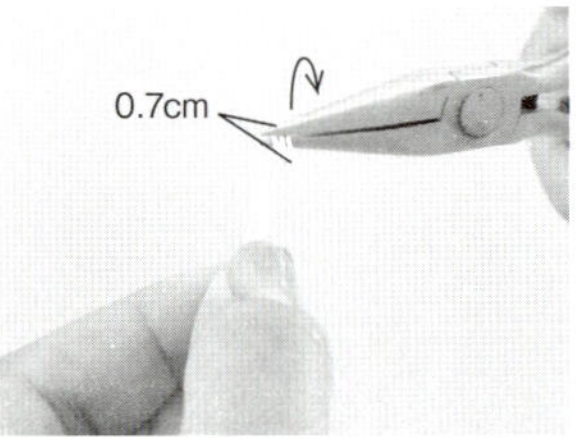

1. 6cmのワイヤーを3本合わせ、ワイヤーの先を、ペンチで約0.7cm曲げます。3本の曲げ具合が揃うよう、まとめて曲げます。

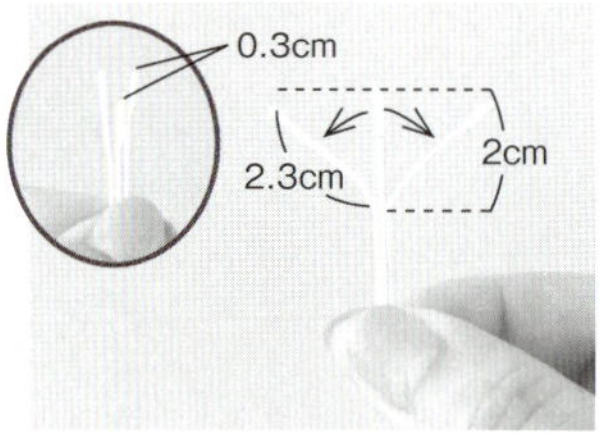

2. 左上の写真のように真ん中のワイヤーを0.3cm下げて持ち、両サイドのワイヤーを同じ角度で開きます。

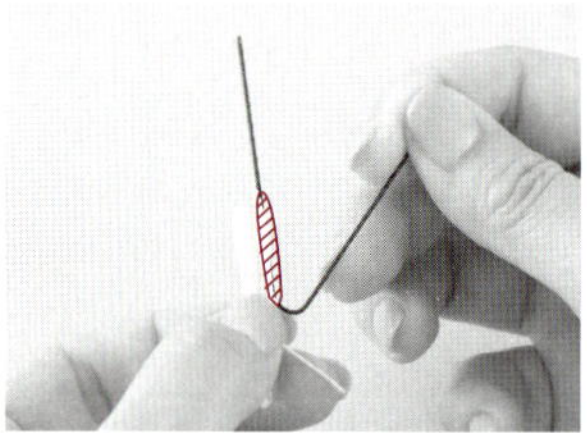

3. ワイヤーを曲げた位置から下が1.5cmになるようにカットします。Uピンを開き、写真の位置にボンドをつけてワイヤーの直線部分を合わせます。

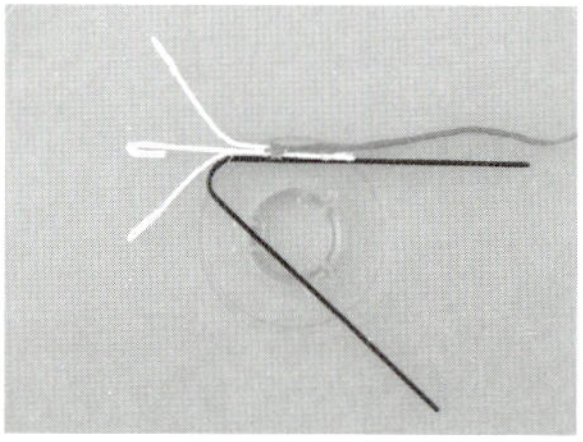

4. 続けて極天糸を、ワイヤーの直線部分の2/3に重なるように貼ります。

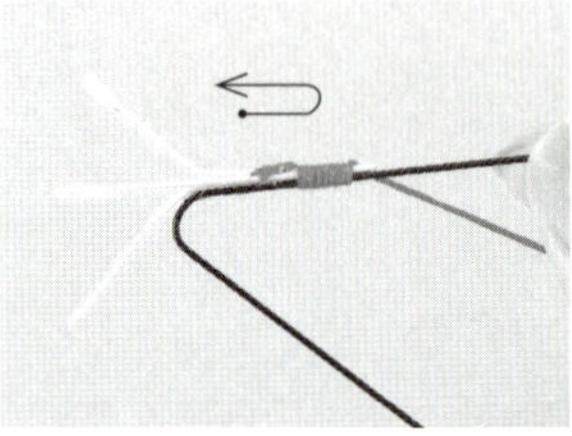

5. まずは右方向にワイヤーの端まで極天糸を巻きつけ、折り返して左方向にワイヤーを曲げた位置まで巻きつけます。

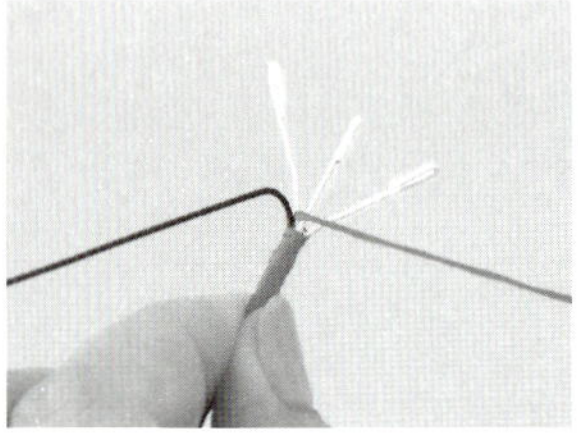

6. ワイヤーを曲げた位置まで巻きつけたらワイヤーのみ3回巻いてから折り返し、巻き始めの位置までUピンごと巻きながら戻ります。

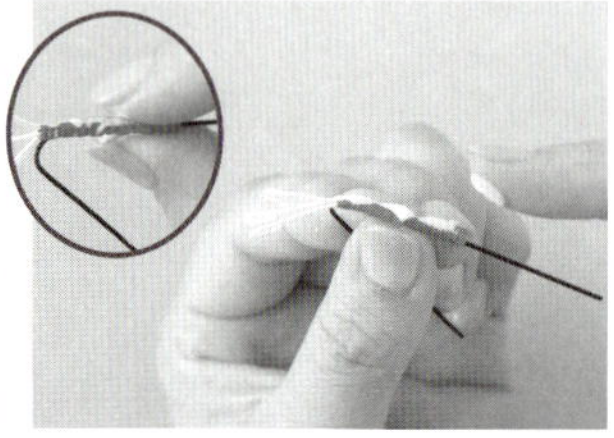

7. 巻き始めの位置まで戻ったら緩まないように押さえながら糸をカットし、極天糸にボンドを塗ります。左上の写真のようにボンドを全面に塗り込みます。

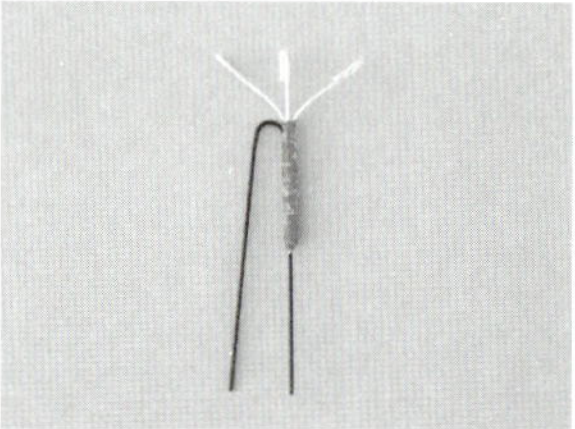

8. ボンドが完全に乾いたら下がりのくま手が完成。

他にも…

Uピンのかんざしなども同じ方法で糸を巻きつけて固定します。

花びらガイドシートの使い方

花びらを土台布に葺く時に、ガイドシートをCDケースにセットして使います。
5枚用・8枚用と6枚用(12枚用)・10枚用のガイドシートがあります。
花びらの枚数によってそれぞれのシートを使い分けましょう。

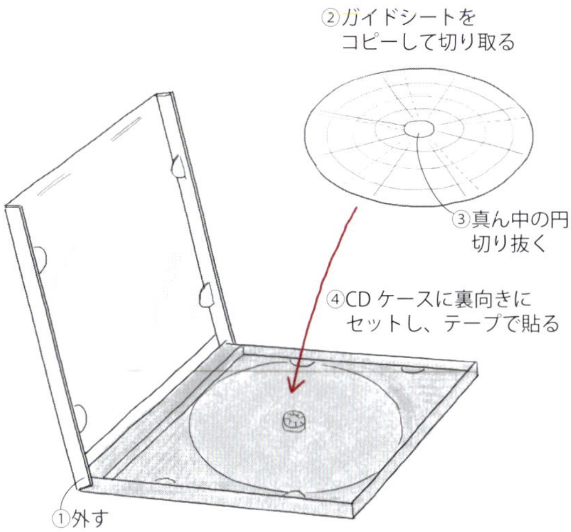
②ガイドシートを
コピーして切り取る
③真ん中の円を
切り抜く
④CDケースに裏向きに
セットし、テープで貼る
①外す

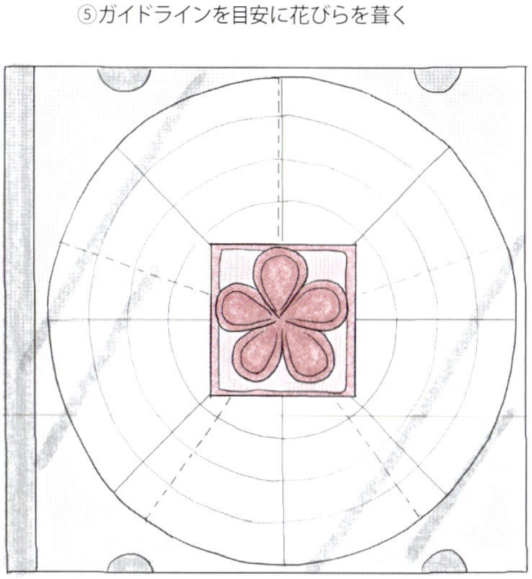
⑤ガイドラインを目安に花びらを葺く

花びらガイドシート(5枚用・8枚用)

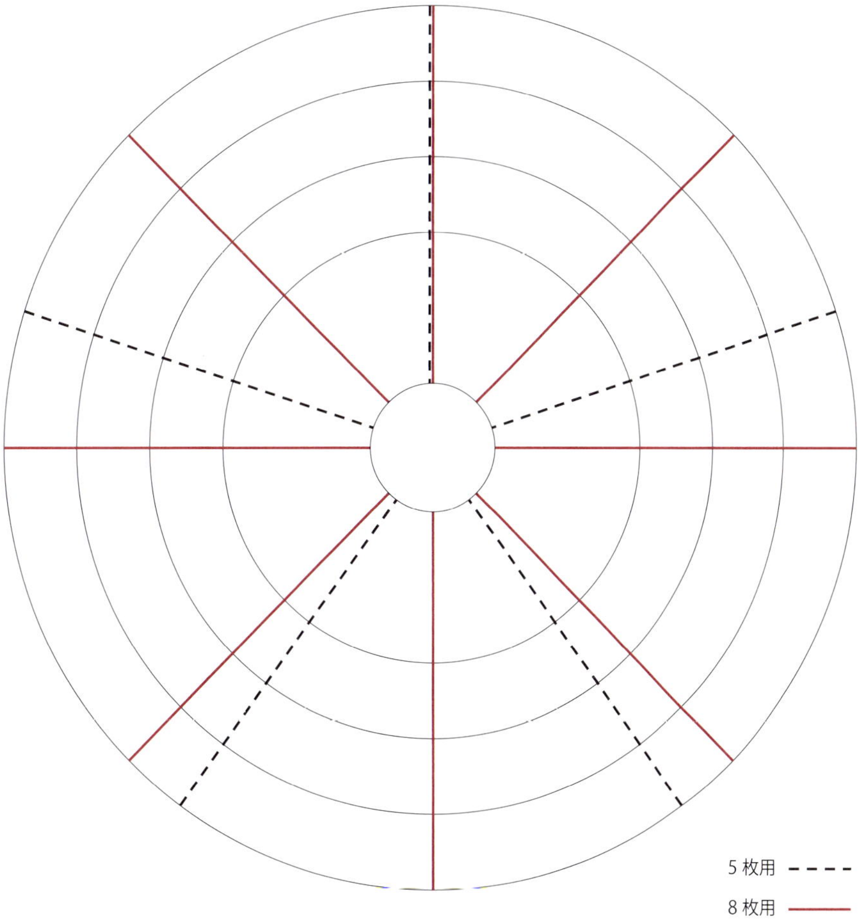
5枚用
8枚用

花びらガイドシート（6枚用・10枚用）

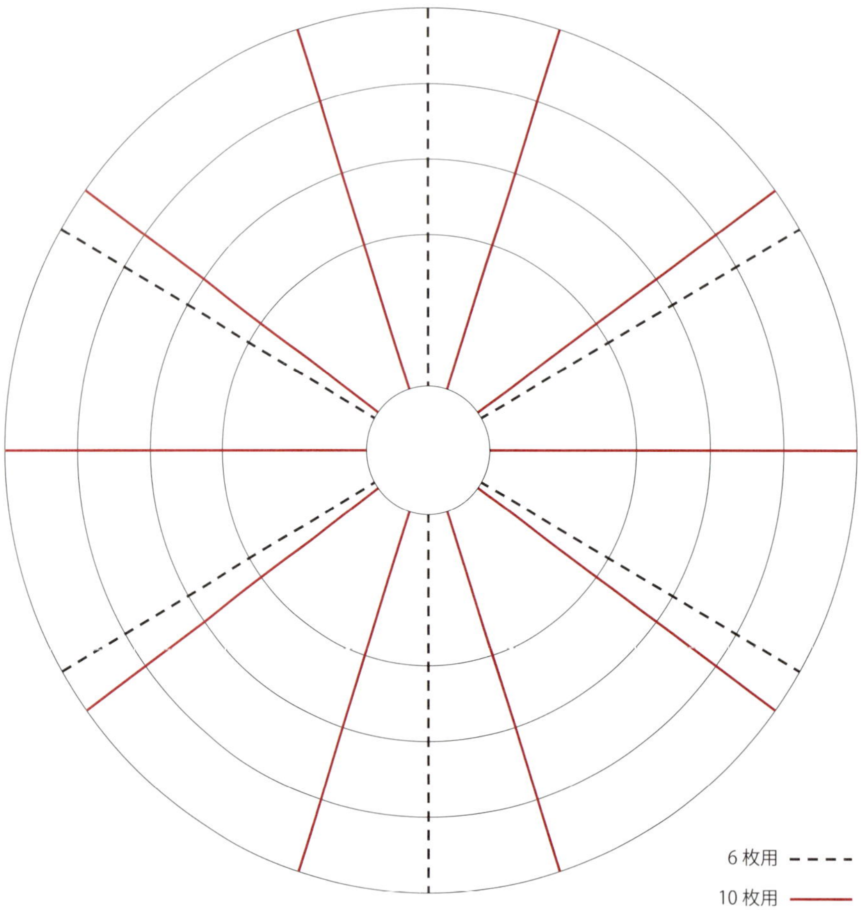

6枚用 - - - -（12枚は間に1枚ずつ入れる）

10枚用 ——

p.6

パッチンどめ ★☆☆

【材料】(1点分)
土台布4㎝角×1枚／花びら用布3㎝角×8枚／花芯…図を参照／合皮…1.8㎝角×1枚／スリーピン×1本
【つまみ方】
p.29「基本の剣つまみ」※花びらガイドシート8枚用
(花芯p.17) 1・3・4・5=「ビーズを円にして飾る」、2=「ペップを束にして飾る」

[布の種類]

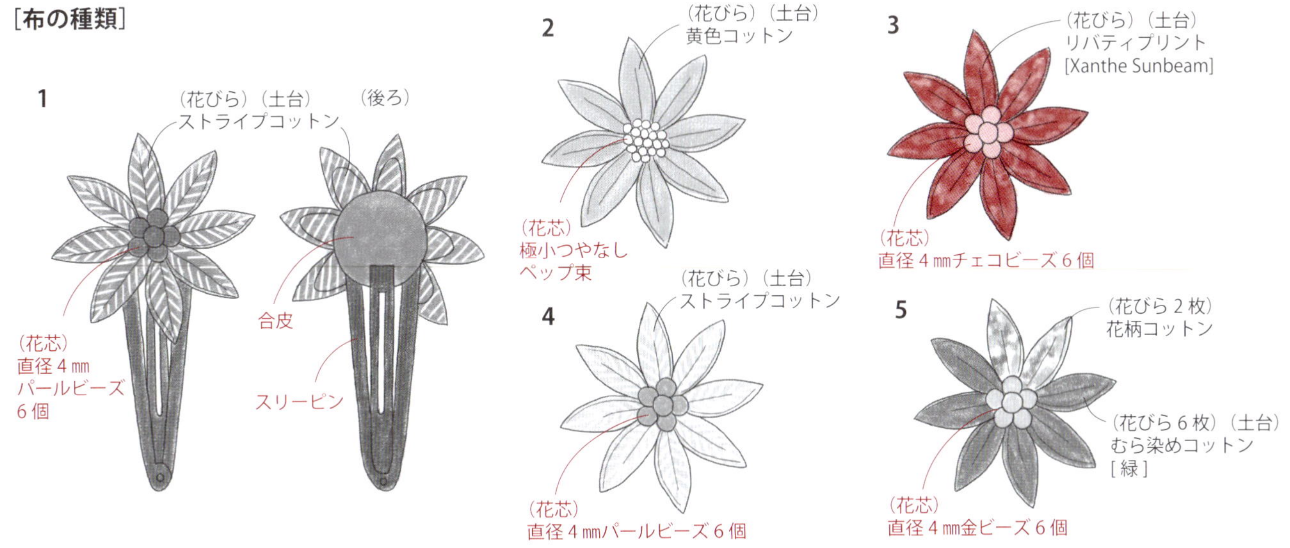

[作り方]

1. 合皮の角をカットする

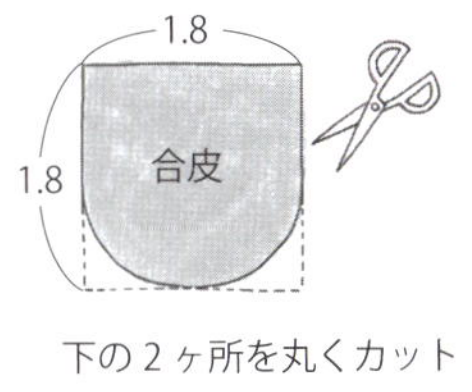

2. 合皮にスリーピンを通す

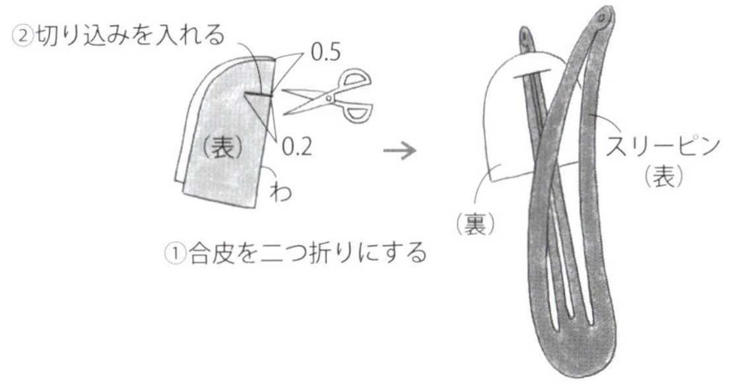

3. スリーピンに合皮を貼る

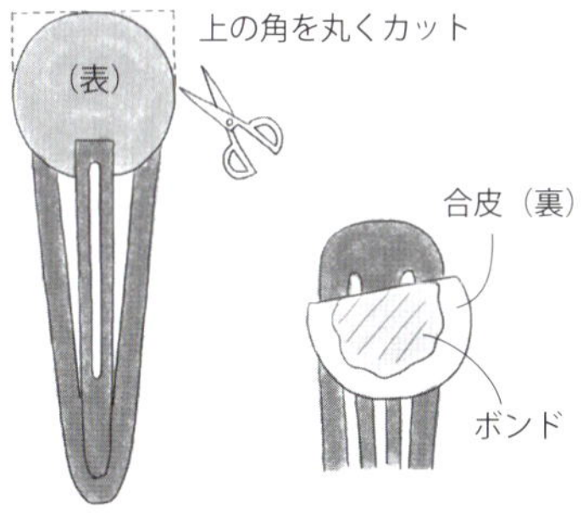

4. 合皮の上にモチーフを置く

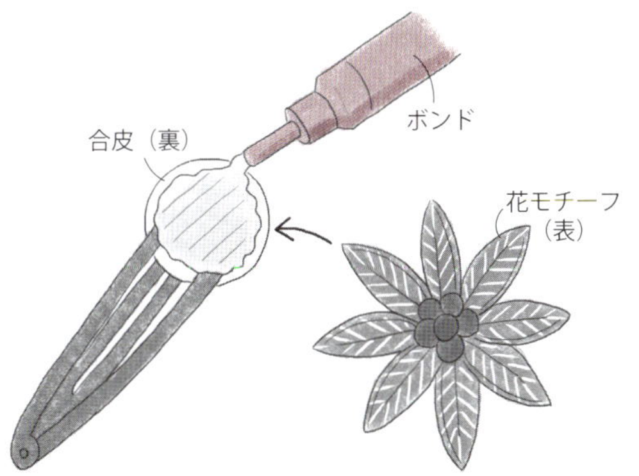

5. 押さえる

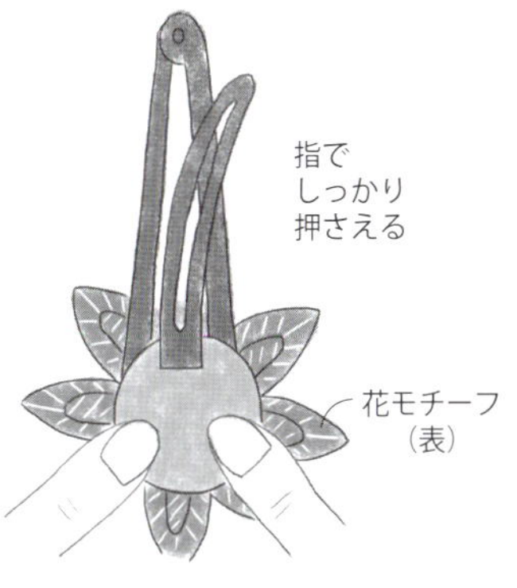

[できあがり図]

p .7

花ゴム ★☆☆

【花の材料 6、7、8】(1 点分) 土台布 4 ㎝角×1 枚/花びら用布 3 ㎝角×5 枚/葉用布 3 ㎝角×1 枚/花芯…図を参照

【花の材料 9、10】(1 点分) 花びら用布…3 ㎝角×22 枚/花芯…図を参照

【材料 6 ~ 10 共通】(1 点分) 丸ゴム…23 ㎝×1 本/直径 2.7 ㎝くるみボタン芯×1 組/直径 5.5 ㎝黒コットン ×1 枚

【つまみ方】6 ~ 8 = p.19「基本の丸つまみ」+ p.42「つまみの葉」(剣) ※花びらガイドシート5 枚用,9･10 = p.41「袋つまみ」

(花芯p.17) 6 =「1 粒ずつビーズを飾る」、7・8「ビーズを円にして飾る」

[布の種類] ※6・7・8 の土台・花びら・葉用布はすべて布がたり(p.64)で購入できます

6

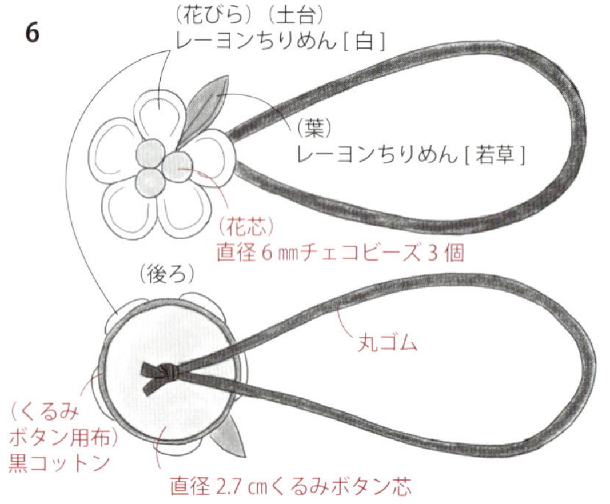

7

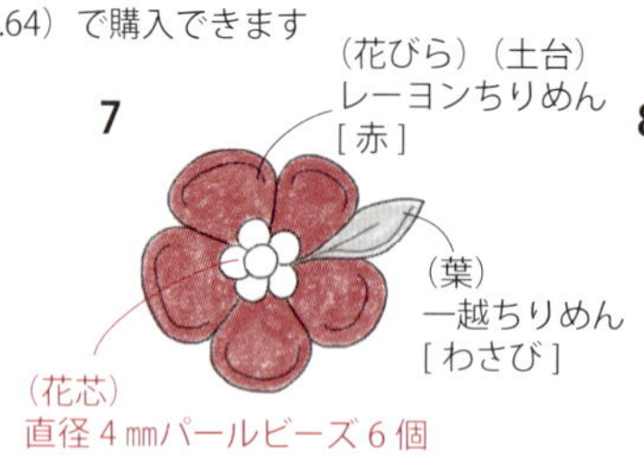

8

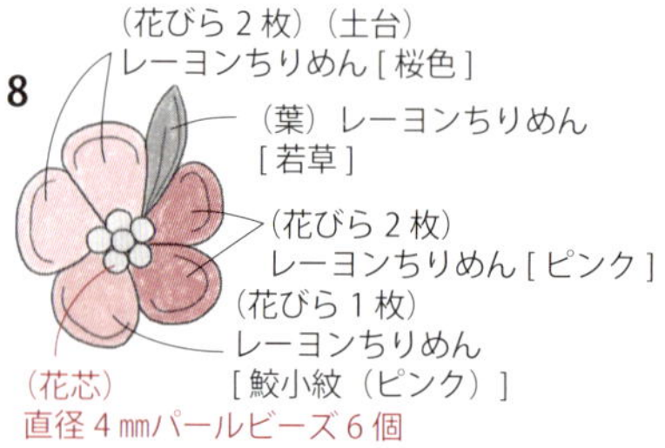

9

10

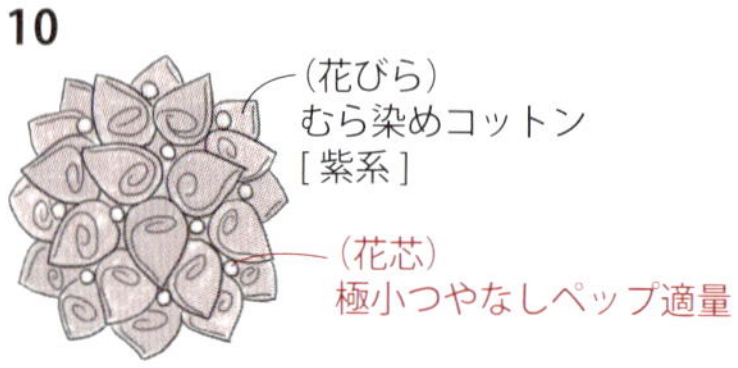

[作り方]

1. くるみボタンを作る

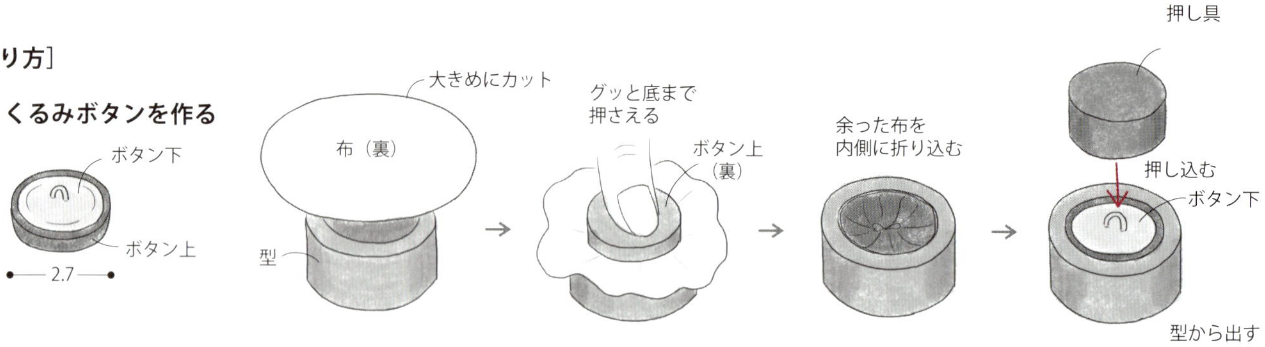

2. ゴムを通す

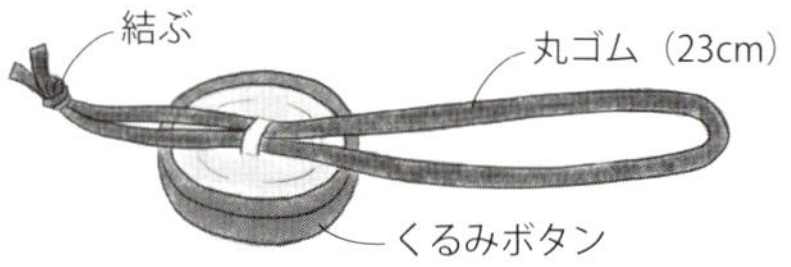

3. 花モチーフを貼る(6,7,8)

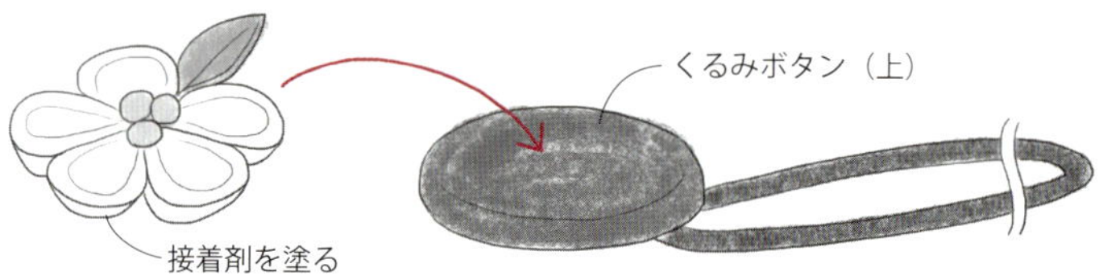

4. 袋つまみを直接葺く(9,10)

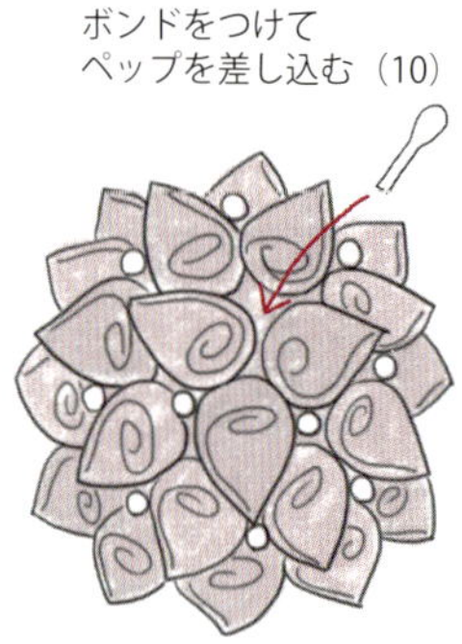

[できあがり図]

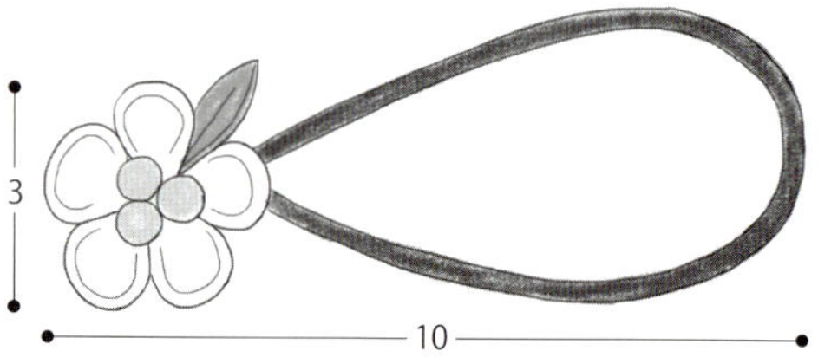

p .8
小花ネックレス ★☆☆

【材料】(1点分)
土台布 3 ㎝角×1 枚／花びら用布 1.5 ㎝角×5 枚／花芯…図を参照
／ネックレス130SRA（アジャスター付）×1 本／丸カン ×1 個／ミール皿カン付（丸）×1 個
／リーフ型パーツ×1 個
【つまみ方・作り方】p .19「基本の丸つまみ」※花びらガイドシート5 枚用（花芯p .17）11 ～ 14 =「1 粒ずつビーズを飾る」、15 =「ペップを飾る」●金具の貼り方はp.66を参照。

[布の種類・できあがり図]
※11 ～ 15 の土台・花びら用布は
すべてつまみ堂（p.64）で購入できます

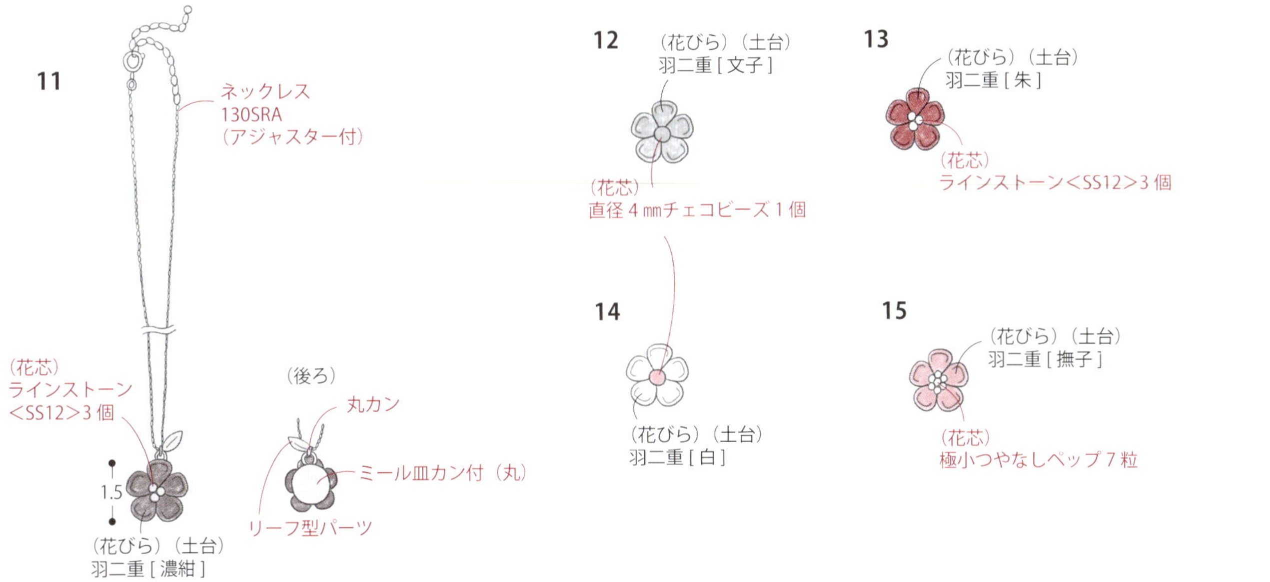

p .11
一輪花 ★★☆

【材料】(1点分)
土台…直径 6 ㎝合皮 ×1 枚、紙粘土適量／1 ～ 3 段目花びら用布 3 ㎝角×56 枚／4 段目花びら用布 2 ㎝角×8 枚
／花芯…直径 6 ㎜パールビーズ［白］×1 個、小ペップ［白］×11 粒／2 Way クリップピン ×1 個／9 ピン ×2 本
【つまみ方・作り方】
p .29「基本の剣つまみ」※葺き方はp .11「半くすの葺き方」（花芯p .17）「1 粒ずつビーズを飾る」+「ペップを飾る」
●金具の貼り方はp.66を参照。

[布の種類・できあがり図]
※花びら用布はすべてアットホビー@スタイリストゴトウ（p.64）で購入できます

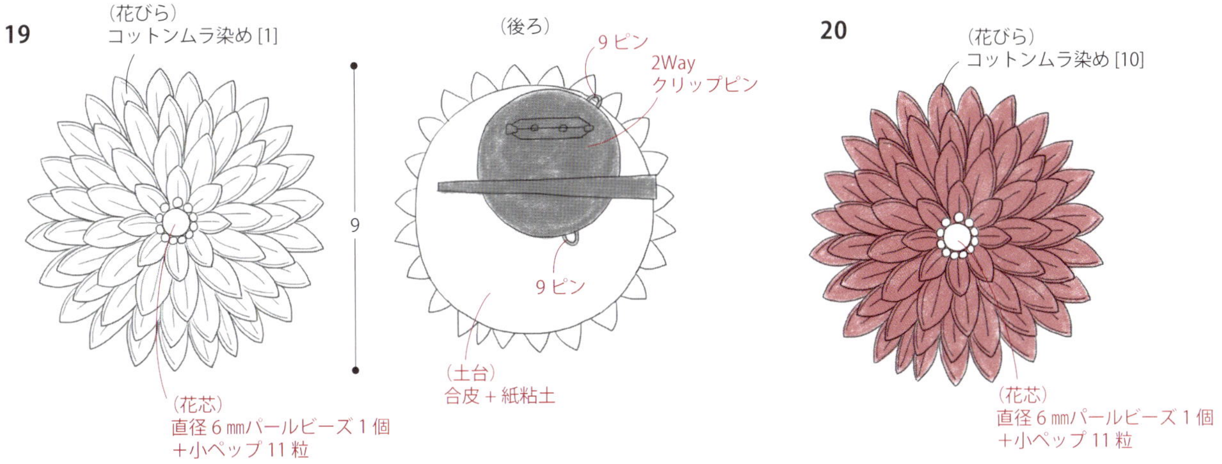

p.9
ひな菊のコーム
★★☆

【花の材料16】土台布…3㎝角×3枚／花びら用布…1.5㎝角×36枚／葉用布…1.5㎝角×4枚／花芯…丸小ビーズ[クリア]適量
【花の材料17】土台布…3㎝角×4枚／花びら用布…1.5㎝角×60枚／葉用布…1.5㎝角×5枚／花芯…丸小ビーズ[クリア]適量
【材料16･17共通】丸小ビーズ[クリア]×1個(16)、4個(17)／直径8㎜コットンパール[アイボリー]×1個(16)、4個(17)／極小ペップ[白]適量／コーム×1個(16＝15山、17＝25山)／ワイヤー(＃24)…13㎝×3本(16)、4本(17)／ワイヤー(＃28)…20㎝×2本(16)、8本(17)／直径1.5㎝合皮×3枚(16)、4枚(17)／フローラルテープ[緑]適量
【つまみ方・作り方】p.19「基本の丸つまみ」＋p.42「つまみの葉」(剣)、p.21「二段の丸つまみ」※花びらガイドシート12枚用(花芯p.17)「丸小ビーズを飾る」●ワイヤー台の作り方はp.68を参照。

[布の種類] ※葉用布はアットホビー@スタイリストゴトウ(p.64)で購入できます

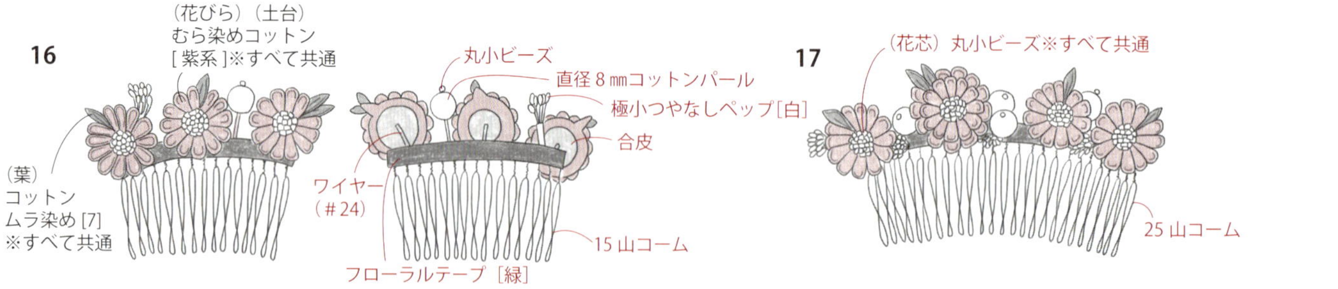

[作り方]

1. 各パーツにワイヤー台をつける

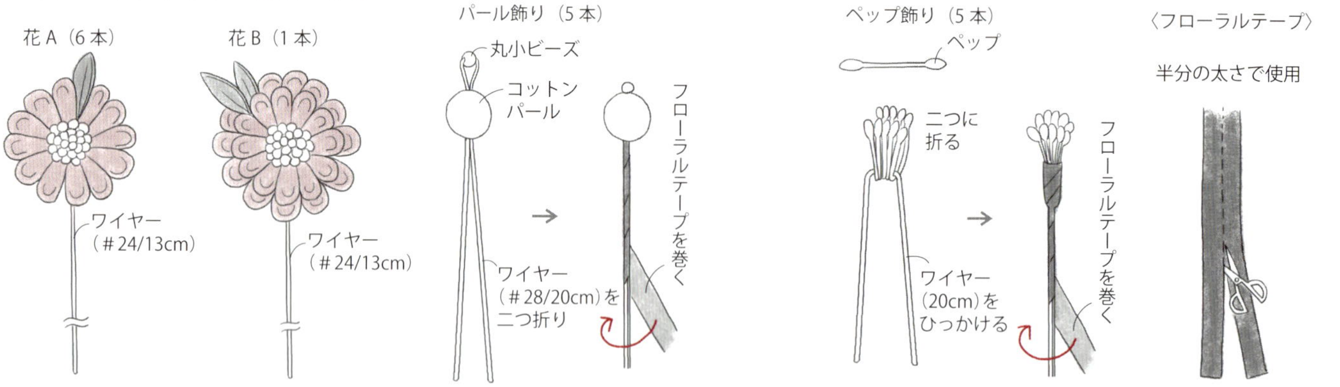

2. コームに各パーツをつける

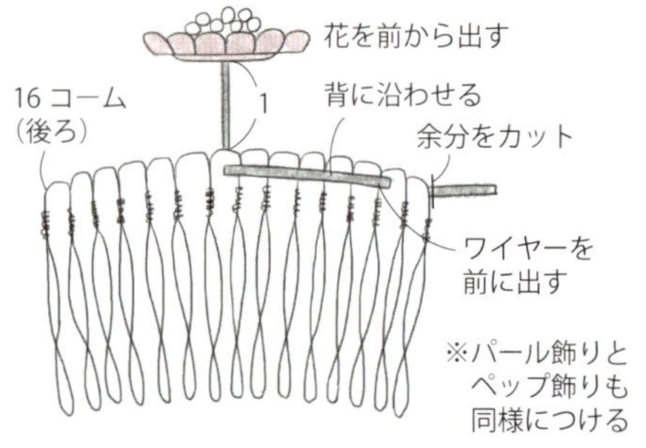

3. フローラルテープを巻く

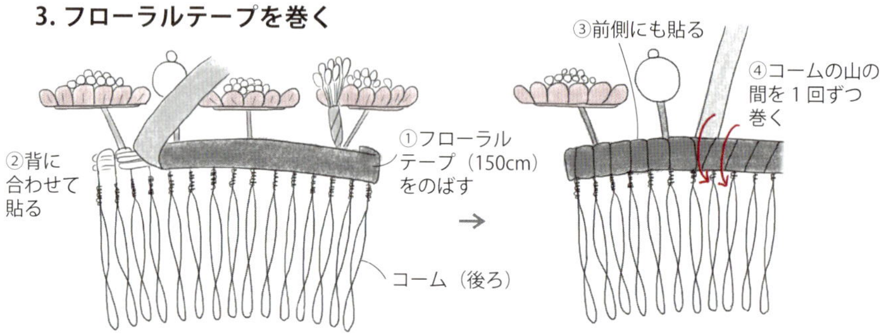

4. 形を整える

[できあがり図]

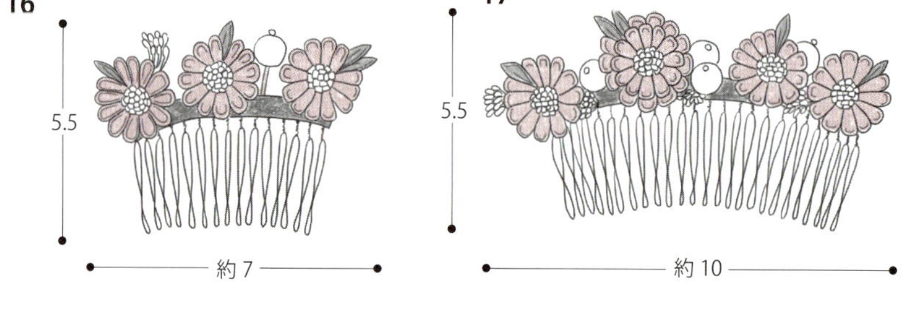

p .10
紅葉の髪飾り ★★☆

【材料】土台布…4㎝角×5枚／紅葉用布…2.6㎝角×[朱]30枚・[鶯]14枚・[薄黄]8枚・[赤]23枚／葉用布…2.6㎝角×約50枚／花芯・下がりの先…メタリックヤーン4㎝×[赤金]4本・[青金]3本・[白金]4本
2Wayクリップピン×1個／直径3.5㎝厚紙×1枚／直径5㎝黒コットン×1枚／9ピン×6本／チェーン…3.5㎝×2本・5㎝×1本／葉の台用布…4×8㎝緑ちりめん×1枚／土台用厚紙×1枚

【つまみ方】紅葉＝p.31「二重の剣つまみ」※花びらガイドシート8枚用、葉＝p.42「つまみの葉」「三枚葉」(剣)

[布の種類] ※紅葉・葉用布はすべてつまみ堂（p.64）で購入できます

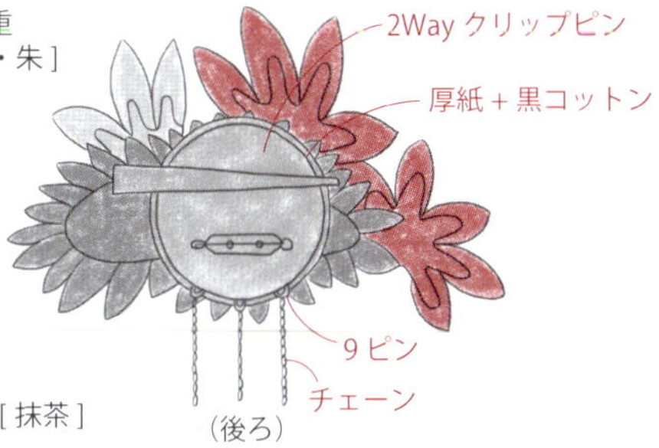

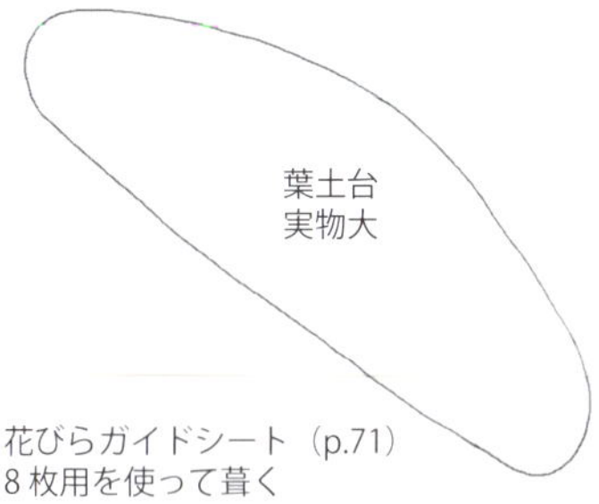

花びらガイドシート（p.71）
8枚用を使って葺く

[作り方]

1. 紅葉を作る

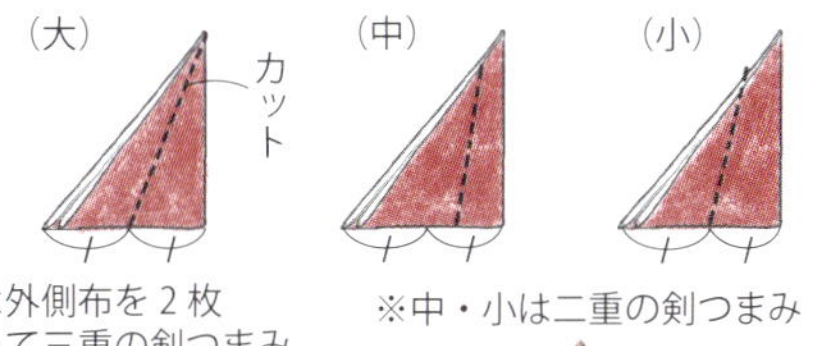

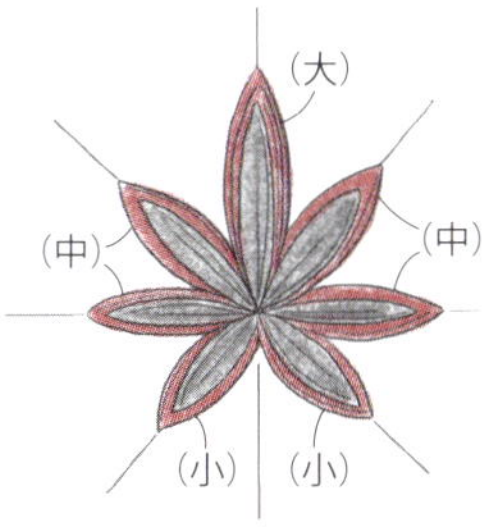

2. 花芯、下がりの先を作る

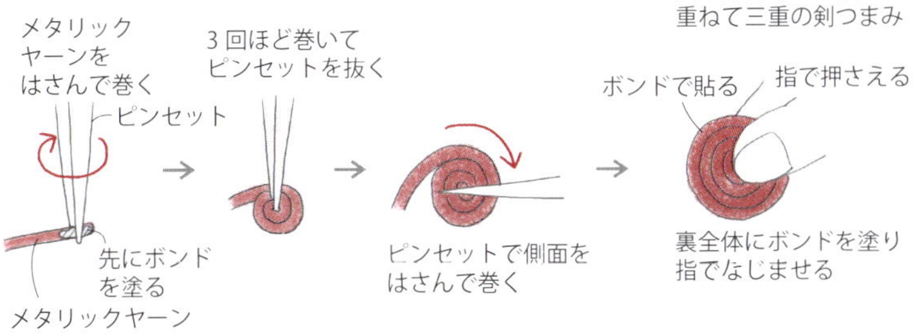

3. 下がりを作る

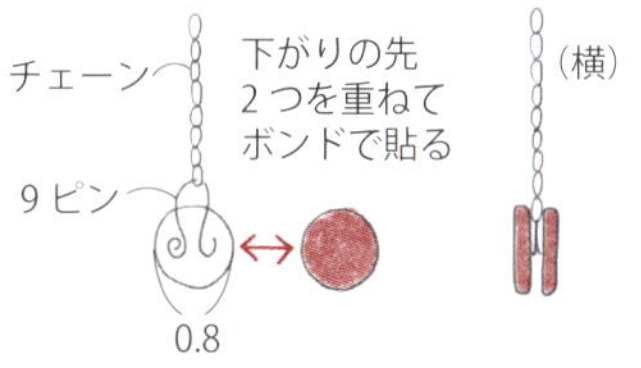

4. 土台を作る

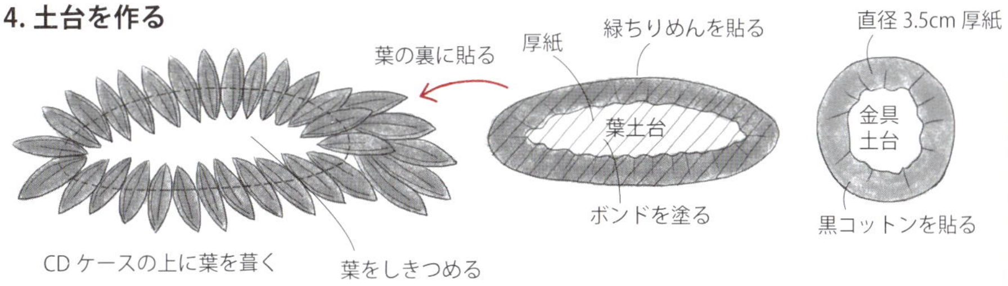

5. まとめる

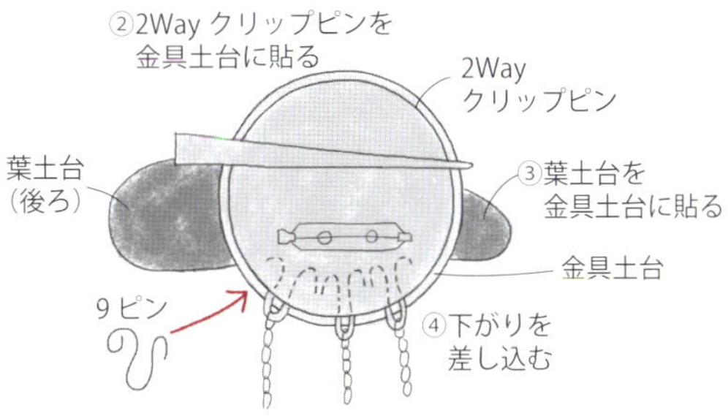

[できあがり図]

p .20

重ねつまみの髪飾り

★★☆

【材料】(1点分)土台布10㎝角×1枚／花びら用布…(1段目)7㎝角内布・外布×各5枚、(2段目)6㎝角×5枚、(3段目)5㎝角×5枚、(4段目) 3㎝角×5枚／花芯…金糸適量／2Wayクリップピン×1個／9ピン×2本／ヒキワ×1個／丸カン×1個／チェーン…2.5㎝・4㎝・6㎝×各1本／コットンパール[アイボリー]…直径14㎜×2個・直径10㎜×3個／丸小ビーズ[クリア]×5個／Tピン×5本

【つまみ方・作り方】p.21「重ねる丸つまみ」※花びらガイドシート5枚用●金具の貼り方はp.66を参照。

[布の種類・できあがり図]

※土台・花びら用布はすべて布がたり（p.64）で購入できます

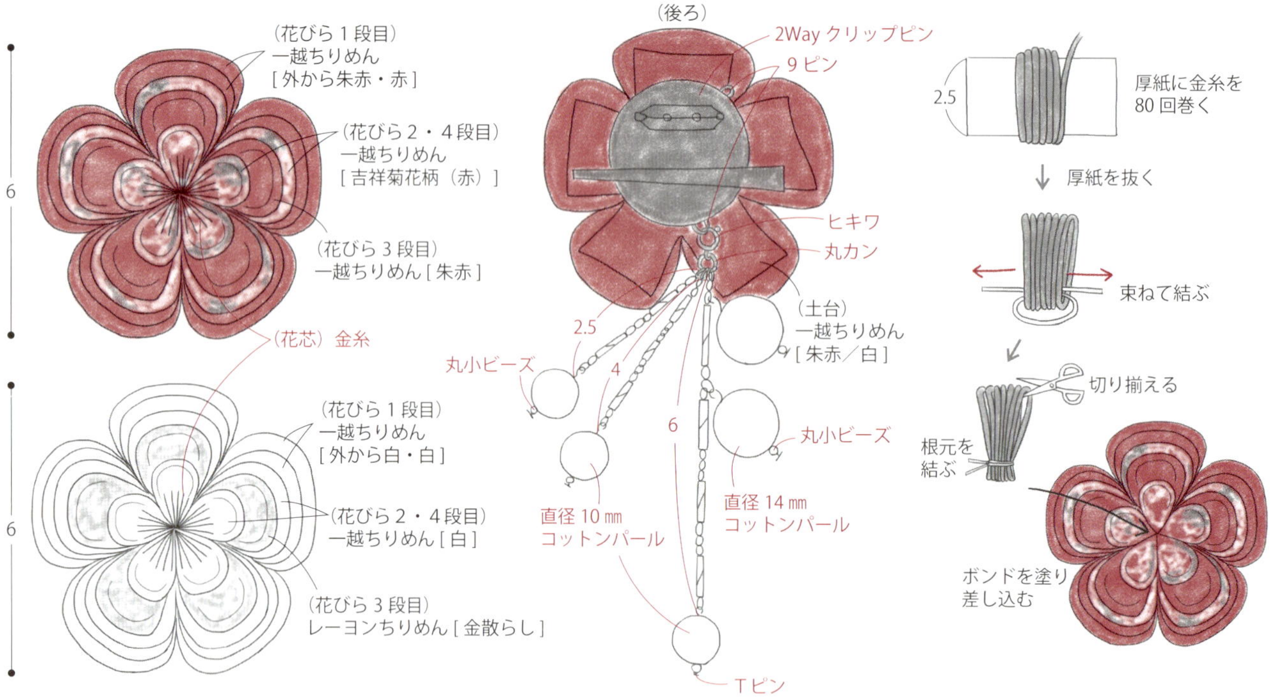

p .26

ひまわりのブローチ

★★☆

【材料】(1点分)

土台…直径3.5㎝合皮×1枚／花びら用布5㎝角×16枚／花芯…中ペップ[アルミダイヤ／ガラスビーズ]・紙粘土各適量／2Wayクリップピン×1個

【つまみ方・作り方】p.27「ひまわり」※花びらガイドシート8枚用●金具の貼り方はp.66参照

[布の種類・できあがり図]

25

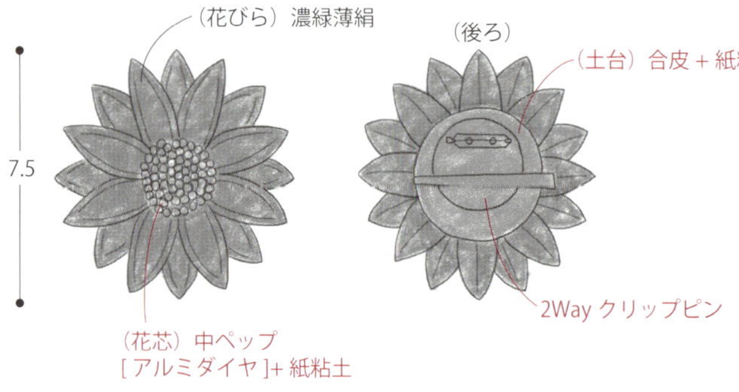

26

p.22

水仙のブローチ ★★☆

【材料】

土台布 4 cm角×3 枚／花びら用布 3 cm角×24 枚／葉用布 6 cm角×3 枚／花芯…3 cm角×6 枚、中ペップ［白］×6 粒／ 2Way クリップピン ×1 個／直径 3.5 cm厚紙 ×1 枚／直径 5 cm黒コットン ×1 枚／ 4×1.5 cm・直径 1.5 cm合皮 × 各 3 枚／ワイヤー（＃ 24）…13 cm ×6 本

【つまみ方・作り方】花＝p.23「ききょう」（水仙）※花びらガイドシート 6 枚用、葉＝p.27「ひまわり」●ワイヤー台の作り方は p.68を参照。

［布の種類］

※花びら・葉・花芯布はすべて布がたり（p.64）で購入できます

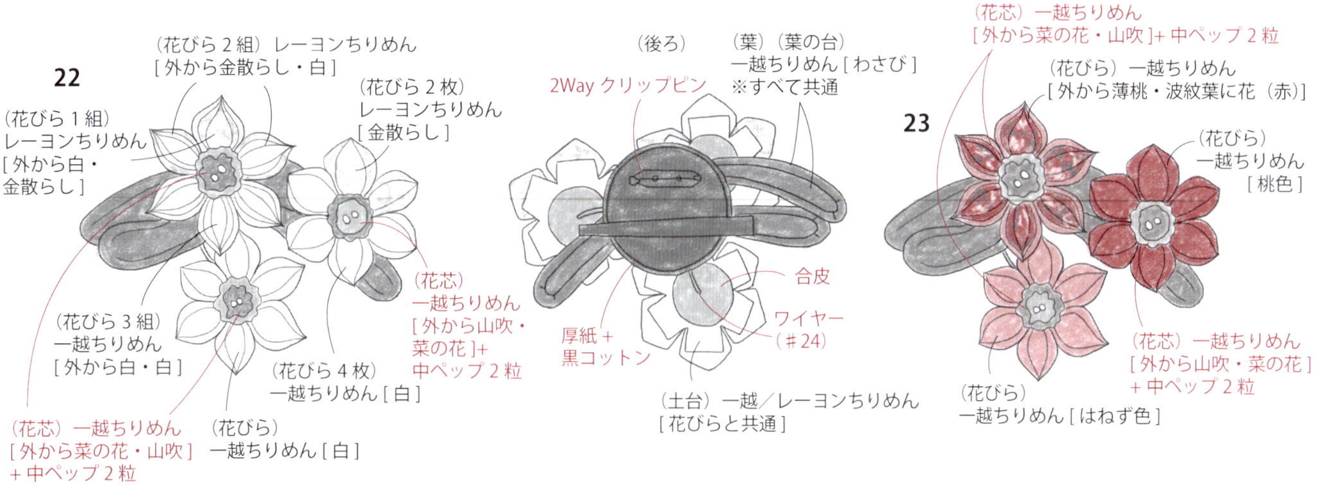

［作り方］

〈葉の作り方〉

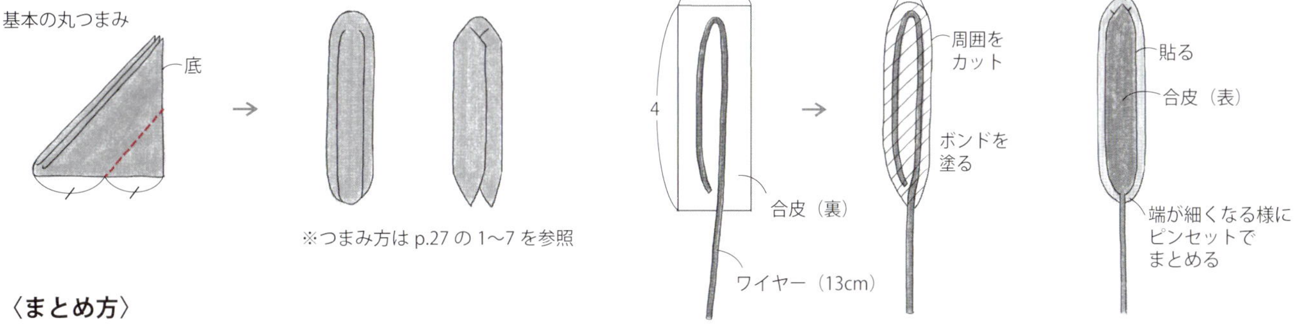

〈まとめ方〉

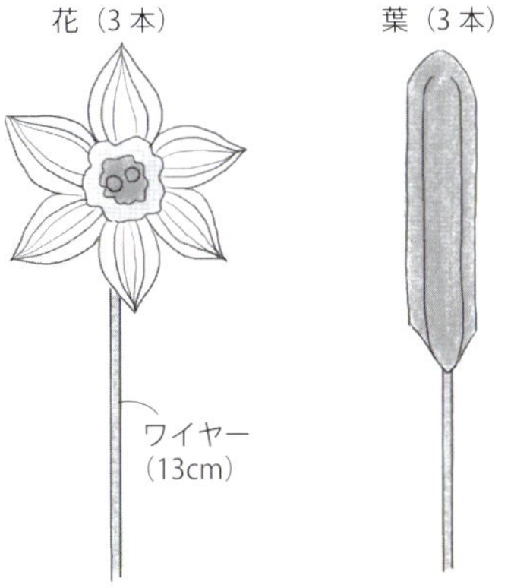

※まとめ方は p.69 参照

［できあがり図］

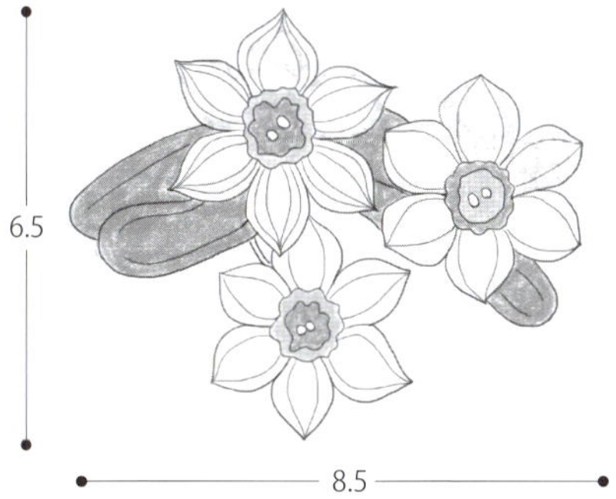

p .24
祝い梅の晴れ飾り
★★★

【A・D花の材料】(1点分) 土台布5㎝角×1枚／花びら用布…（1段目）3㎝角内布・外布×各6枚、(2段目) 3㎝角×6枚、(3段目) 2㎝角×6枚／葉用布3㎝角×2枚／花芯…図を参照
【B・H花の材料】(1点分) 土台布4㎝角×1枚／花びら用布3㎝角内布・外布×各5枚／葉用布3㎝角×1枚／花芯…図を参照
【C・G花の材料】(1点分) 土台布4㎝角×1枚／花びら用布2㎝角×5枚／花芯…小ペップ[白／赤]×5本
【E・F花の材料】(1点分) 土台布4㎝角×1枚／花びら用布3㎝角×8枚(E)、5枚(F) ／葉用布(F) 3㎝角×1枚／花芯…図を参照
【まとめ・下がり用材料】2Wayクリップピン×1個／直径3.5㎝厚紙×1枚／直径5㎝黒コットン×1枚／直径1.5㎝合皮×8枚／ワイヤー（＃24）…13㎝×8本、6㎝×3本／葉用布3㎝角×24枚／花の土台布4㎝角×2枚／花びら用布2㎝角×10枚／花芯…図を参照／メタリックヤーン…10.5㎝・17.5㎝・13.5㎝×各1本／直径2㎜パールビーズ×6個／Uピン×1本／極天糸適量
【つまみ方・作り方】A・D=p.25「祝い梅」、B・F・H=p.23「ききょう」、C・G=p.19「基本の丸つまみ」、E=p.29「基本の剣つまみ」、下がり= p.42「下がりの葉」
(花芯p.17) A・D・E・H =「ペップを束にして飾る」、B =「ビーズを円にして飾る」、C・G =「ペップを飾る」、F =「1粒ずつビーズを飾る」●作り方はp.68-70を参照。

[布の種類] ※花・葉・土台用布はすべて一越ちりめん（レーヨン製）

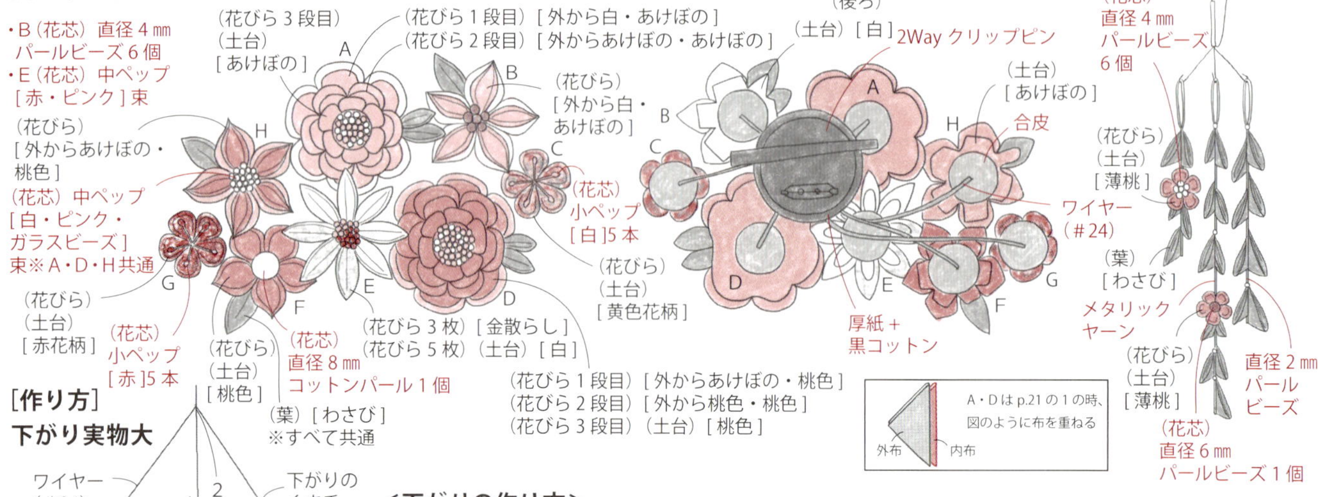

[作り方]
下がり実物大

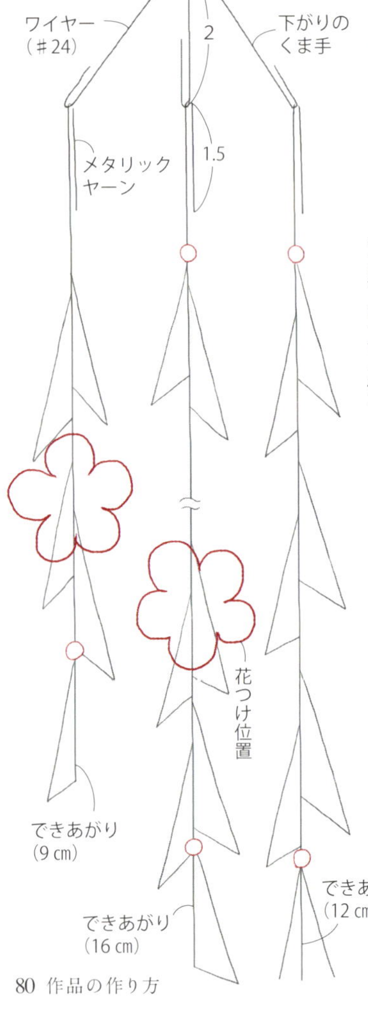

<下がりの作り方>

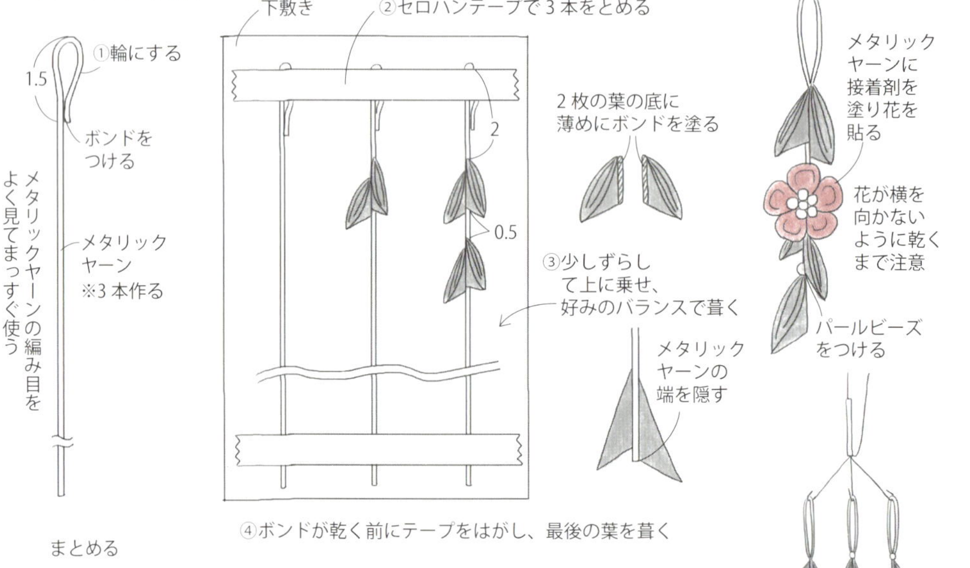

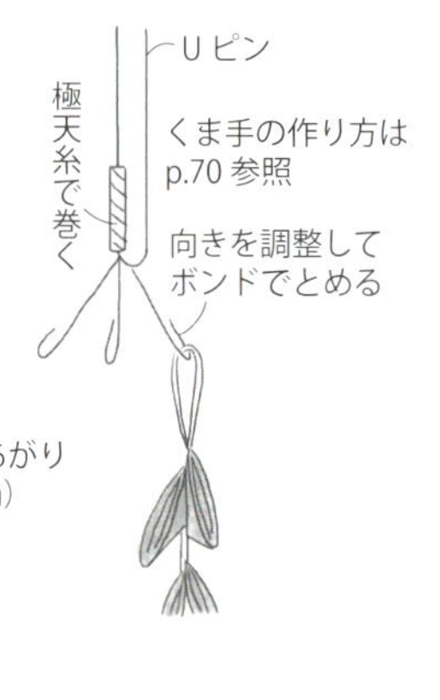

[できあがり図]

p.30

二段の剣つまみのハットピン ★★☆

【材料】(1点分)

土台布 4 cm角×1 枚／花びら用布…（1 段目）3 cm角×12 枚、(2 段目）2.4 cm角×8 枚／花芯…直径 4 mmビーズ×6 個／チェーンつきブローチピン×1 個／直径 6 mmビーズ・丸小ビーズ×各 3 個／Tピン×3 本／リーフ型パーツ・丸カン×各 1 個(28)

【つまみ方・作り方】

p.31「二段の剣つまみ」※花びらガイドシート12 枚用(花芯p.17)「ビーズを円にして飾る」●金具の貼り方、Tピンの使い方はp.66-67を参照。

[布の種類・できあがり図]　※コットンムラ染めはアットホビー@スタイリストゴトウ(p.64)で購入できます

27

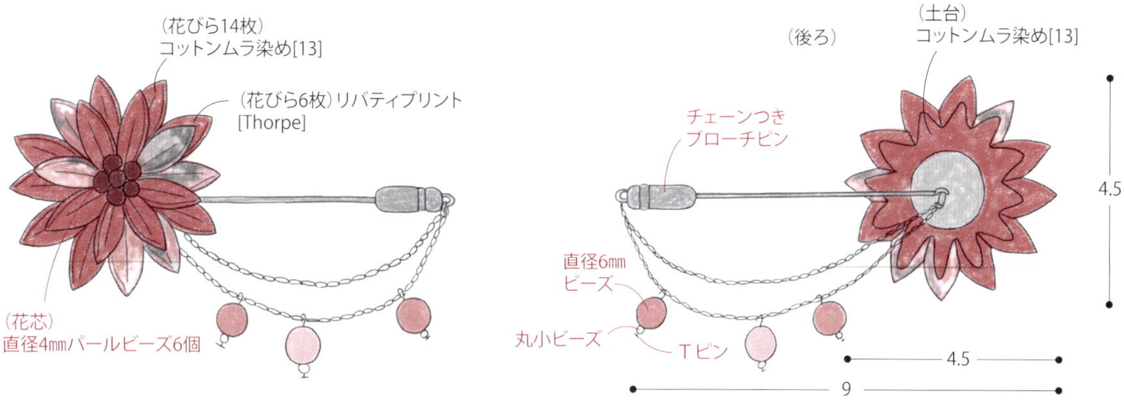

28

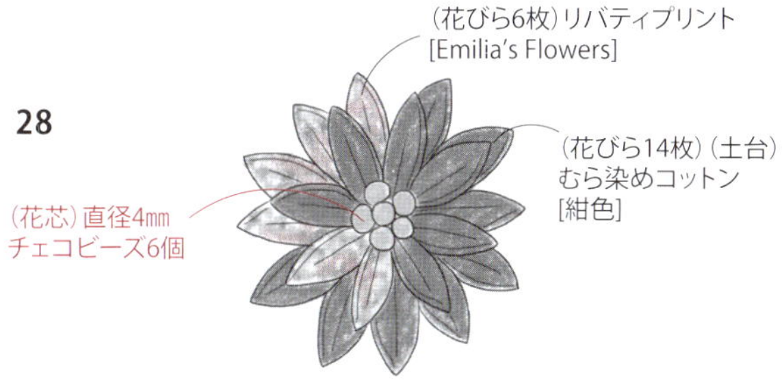

29

---

p.54

ギフトラッピング ★☆☆

【材料】(1点分)

土台布 4 cm角×1 枚／花びら用布 3 cm角×8 枚(A)、5 枚(B)／葉用布 3 cm角×1 枚(B)／花芯…直径 4 mm パールビーズ×6 個

【つまみ方・作り方】

A=p.29「基本の剣つまみ」※花びらガイドシート8 枚用、B=p.19「基本の丸つまみ」※5 枚用＋p.42「つまみの葉」(剣)(花芯p.17)「ビーズを円にして飾る」●花モチーフの裏に両面テープを貼り、ラッピングに沿える。

[布の種類・できあがり図]　※一越ちりめんはすべて布がたり(p.64)で購入できます

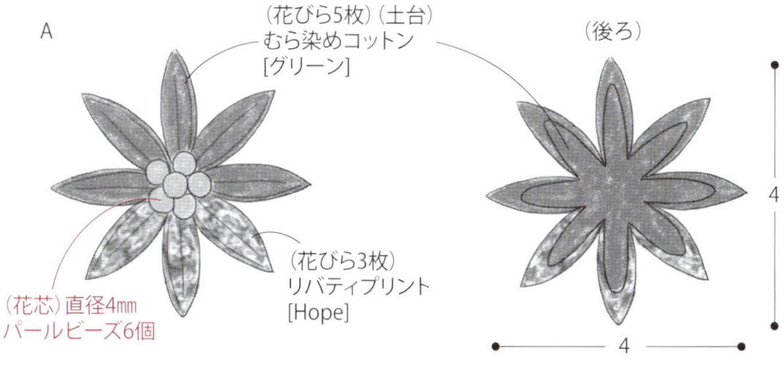

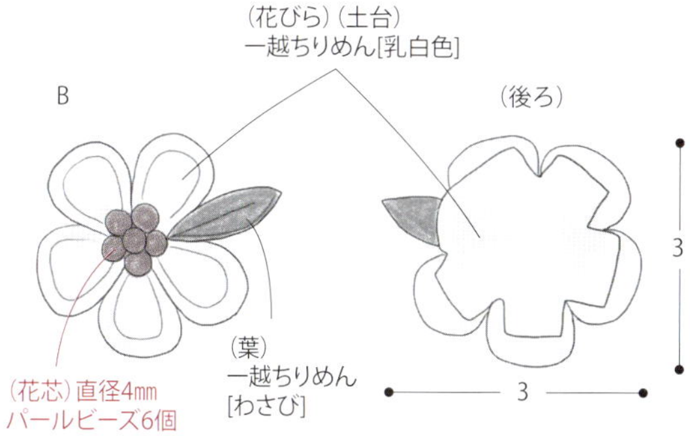

p .32・43

2Wayコサージュ

★★☆

【30・31・40・42 花材料】(1点分) 土台布 5.5 cm角×1枚／中心布 1.5 cm角×1枚／花びら用布 3 cm角…内布・外布×各10枚(1段目)、8枚(2段目) ／花芯…図を参照
【41 花材料】土台布 4 cm角×1枚／ 1段目花びら用布 3 cm角…外布×6枚、内布×12枚／ 2段目花びら用布 2.4 cm角×8枚／花芯…図を参照
【30・31 材料】(1点分) 2Way クリップピン×1個／ 9ピン×2本／ヒキワ・丸カン×各1個／チェーン…3.5 cm×1本／直径 6 mmアクリルカットビーズ×5個／直径 10 mmアクリルカットビーズ×1個／丸小ビーズ×5個／金ビーズ×1個／Tピン×6本
【40・41 材料】(1点分) ブローチピン×1個
【42 材料】ブローチピン×1個／ 9ピン×1本／ネックレスチェーン×1本／直径 10 mmアクリルビーズ・コットンパール×各1個／ヒキワ・丸カン・デザイン丸カン×各1個／チェーン…11.5 cm・7 cm×各1本／直径 6 mmアクリルビーズ・コットンパール×各3個／丸小ビーズ×8個／Tピン×8本
【つまみ方・作り方】30・31・40・42＝p.33「つゆつきの花」※花びらガイドシート10枚用、41＝p.31「二段の剣つまみ」※12枚用(花芯p.17) 30＝「1粒ずつビーズを飾る」、31＝「ペップを束にして飾る」、40 ～ 42＝「ビーズを円にして飾る」●金具の貼り方・チェーン下がりの作り方はp.66-67を参照。

[布の種類・できあがり図]

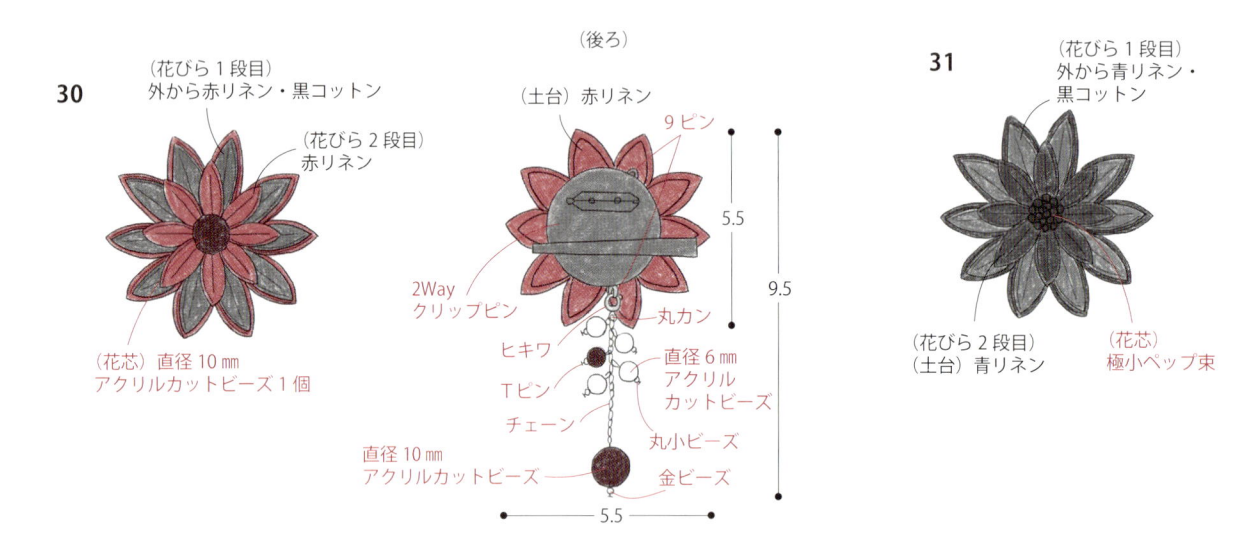

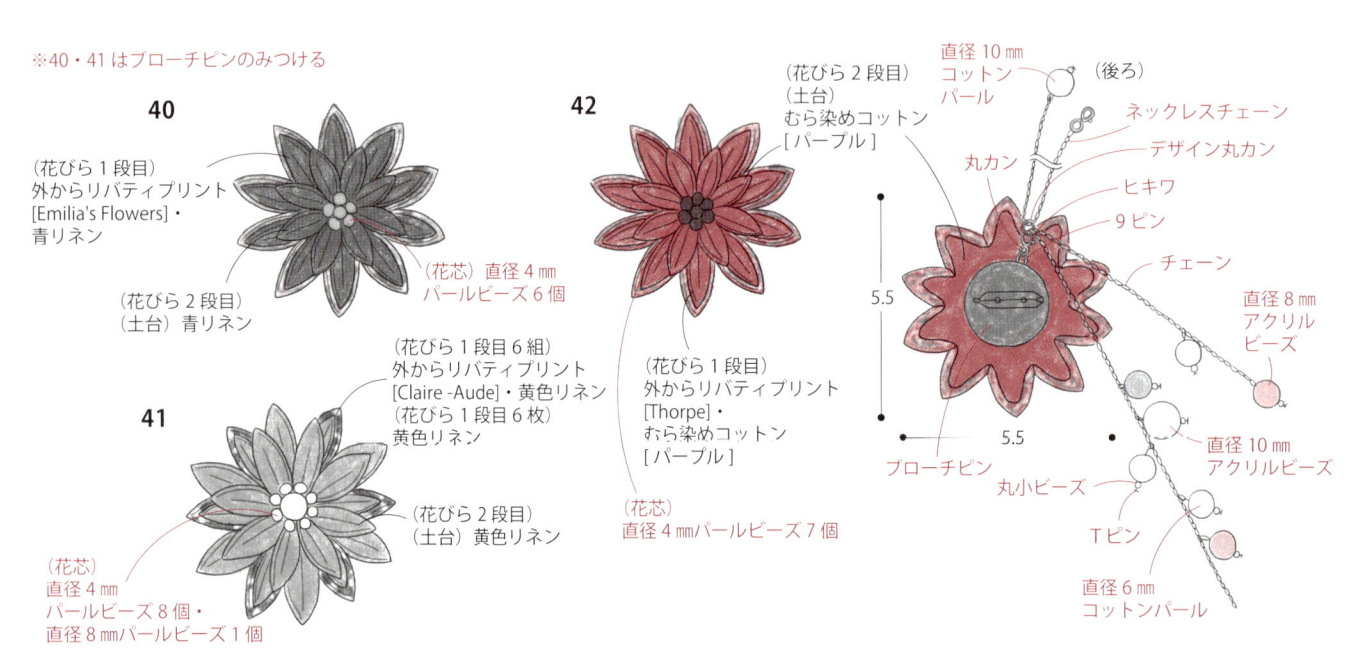

30

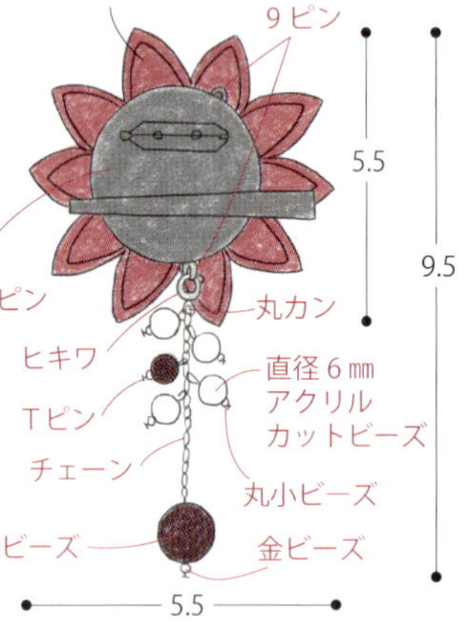

31

※40・41はブローチピンのみつける

40

42

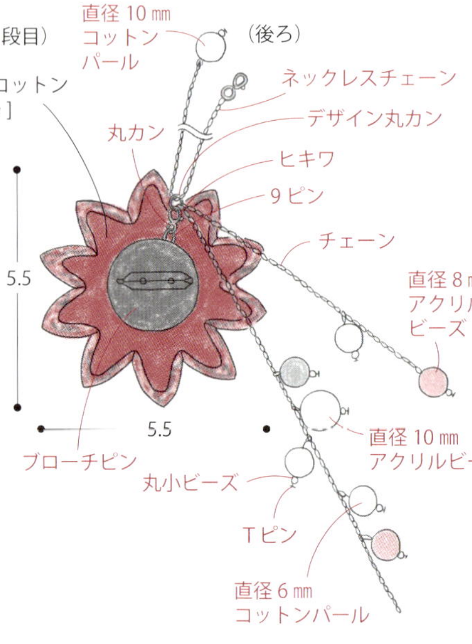

41

p .36

玉バラのブローチ

★★★

【材料】(1点分)

土台布7㎝角×1枚／花びら用布…（1･2段目）6㎝角･（3段目）4㎝角×各3枚／葉用布6㎝角×2枚／花芯…中ペップ適量／2Wayクリップピン×1個

【つまみ方･作り方】p.37「玉バラ」+p.42「つまみの葉」(丸)(花芯p.17)「ペップを束にして飾る」●金具の貼り方はp.66を参照。

［布の種類・できあがり図］

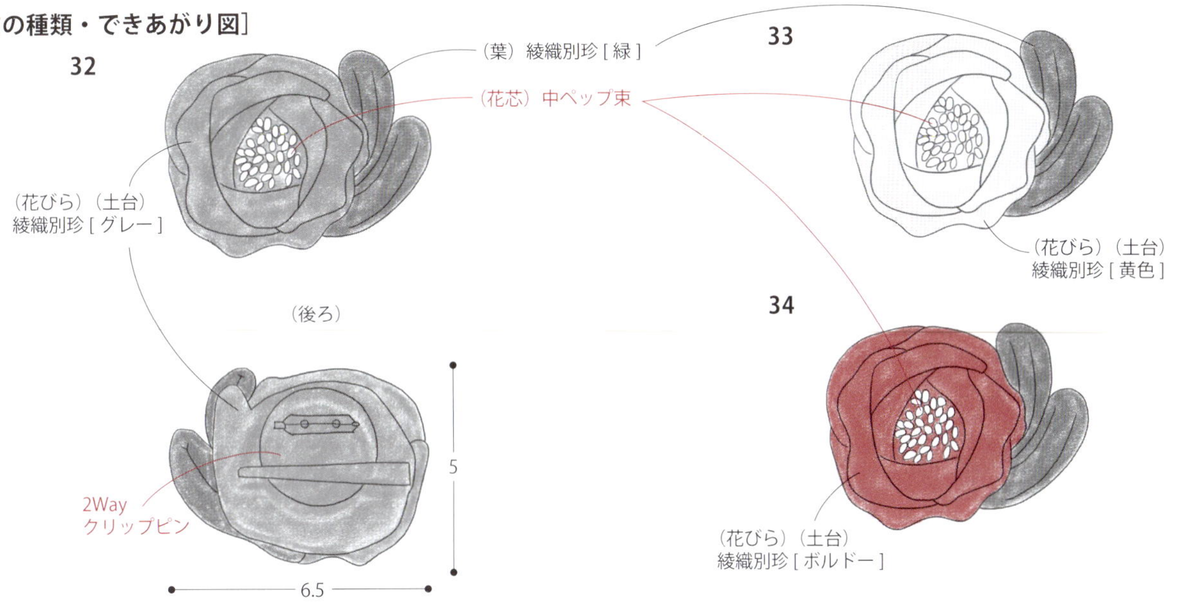

p .40

袋つまみのブローチ

★★☆

【材料】(1点分)

土台…直径3.5㎝合皮×1枚／花びら用布3㎝角×32枚(目安)／ブローチピン×1個

【つまみ方･作り方】

p.41「袋つまみ」●ボンドが完全に乾いたらCDケースからはがして裏に合皮を貼り、p.66を参照してブローチピンを貼る。●花びらの枚数は適宜調整する。

［布の種類・できあがり図］

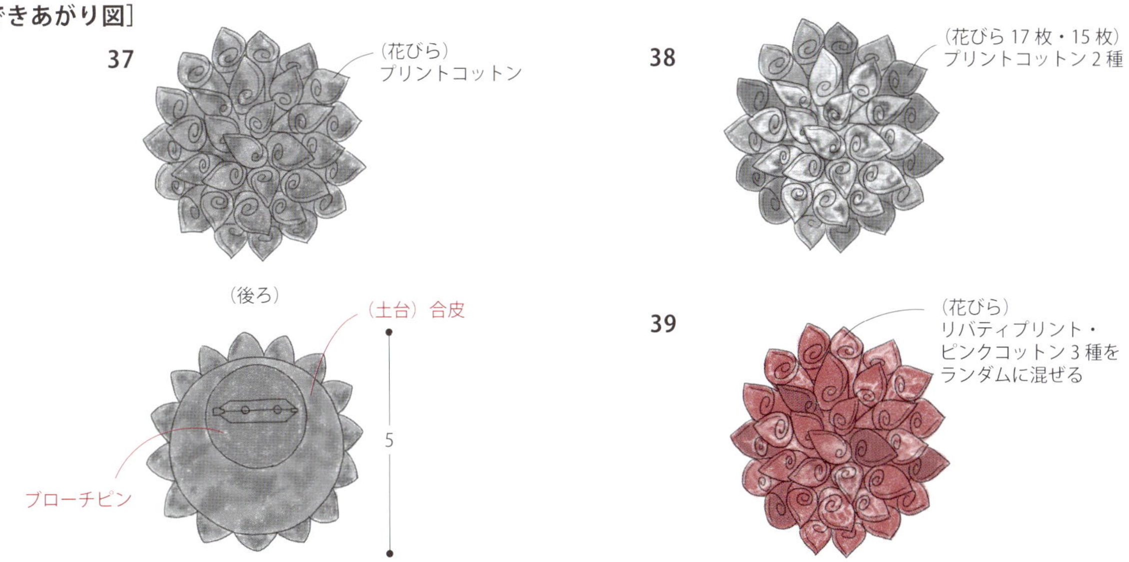

p .38
角バラの根付け・帯留め
★★☆

【花材料】(1点分) 土台布4㎝角×1枚／花びら用布2.6㎝角内布・中布・外布×各6枚／花芯用布2.6㎝角×3枚／葉用布2.6㎝角…8枚／小ペップ［ガラスパール］適量
【35材料】べっ甲パーツ×1個／根付け紐(両輪)・9ピン×各1本／直径2㎝スカシパーツ×1個
【36材料】帯留め金具(丸)×1個
【つまみ方・作り方】p.39「角バラ」+p.42「つまみの葉」(丸)●ペップはp.17「ペップを束にして飾る」を参照。●金具の貼り方はp.66-67を参照。

［布の種類・できあがり図］　※布はすべて羽二重　※羽二重はつまみ堂（p.64）で購入できます

35

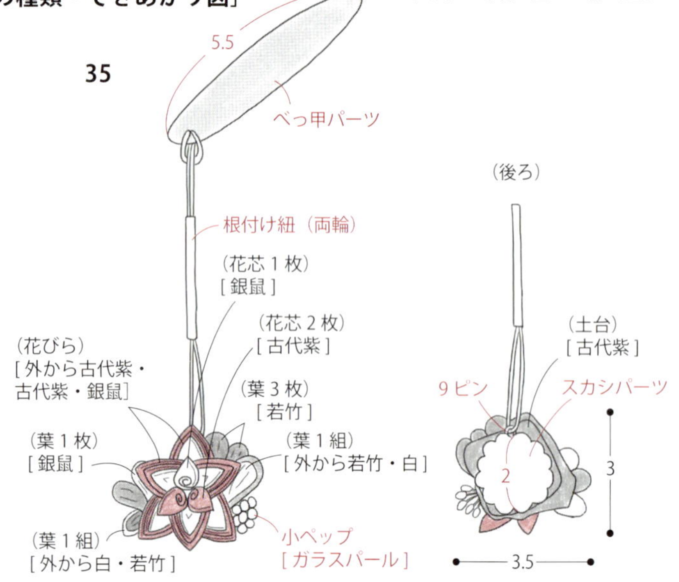

36

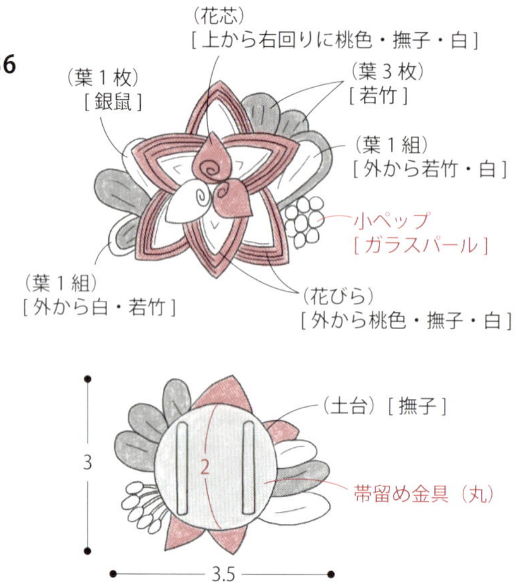

---

p .45
三輪コサージュ
★★★

【a・c花材料】(1点分) 土台布4㎝角×1枚／花びら用布3㎝角×5枚(a)、8枚(c)／花芯…図を参照
【b花材料】土台布4㎝角×1枚／花びら用布3㎝角内布・外布×各8枚／花芯…直径6㎜チェコビーズ×3個
【チェーン下がり材料】ヒキワ・丸カン×各1個／チェーン4㎝×1本／アクリルビーズ…直径6㎜×4個、直径10㎜×1個／丸小ビーズ×4個／金ビーズ×1個／Tピン×5本
【まとめ材料】直径1.5㎝合皮×3枚／ワイヤー（#24）13㎝×3本／2Wayクリップピン×1個／直径3.5㎝厚紙×1枚／直径5㎝黒コットン×1枚
【つまみ方・作り方】a=p.19「基本の丸つまみ」※花びらガイドシート5枚用、b=p.31「二重の剣つまみ」・c=p.29「基本の剣つまみ」※8枚用(花芯p.17) 47-a・c、48-c=「ビーズを円にして飾る」、48-a・b、47-b=「1粒ずつビーズを飾る」●台の作り方・まとめ方はp.68-69を参照。●チェーン下がりの作り方はp.67を参照。

［布の種類・できあがり図］

47

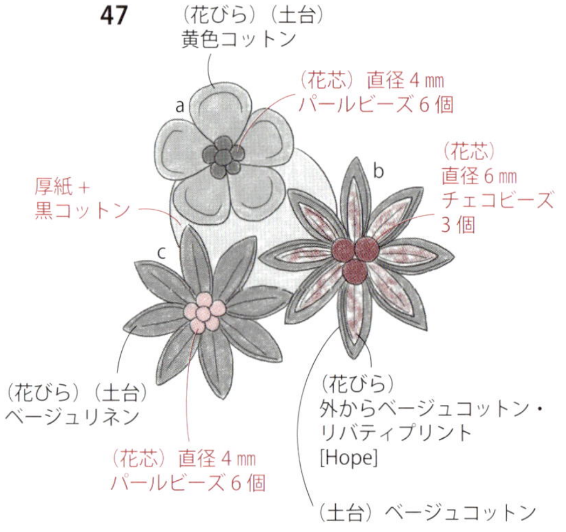

48

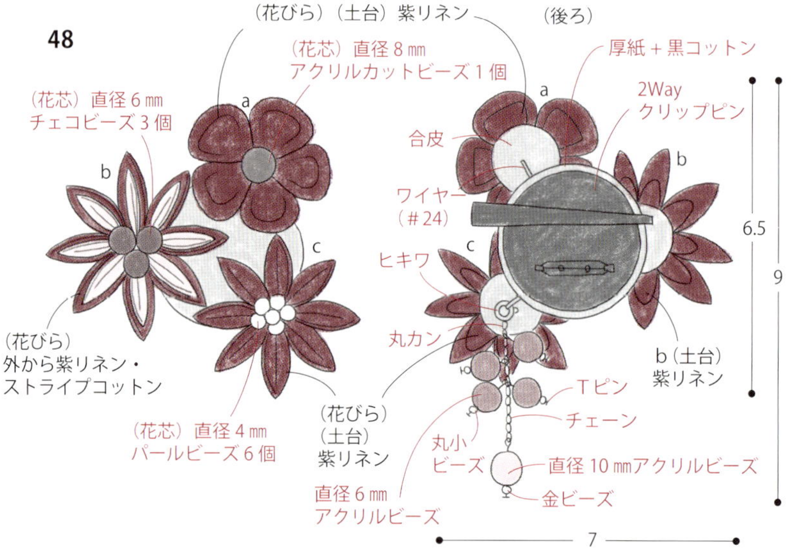

p.44

オーガンジーのアクセサリーセット

★★☆

【43材料】(両耳分)土台布4㎝角×2枚／花びら用布3㎝角×28枚／花芯…小ペップ[白]適量／直径1.5㎝合皮×2枚／イヤリングパーツ×1組／9ピン×2本／チェーン…3㎝・4.5㎝×各1本／リーフ型パーツ・丸カン×各3個／菊座＜7㎜＞×3個／コットンパール…直径6㎜×1個、直径8㎜×2個／Tピン×3本

【44・45材料】(1点分)土台布3㎝角×1枚／花びら用布1.5㎝角×9枚／花芯…図を参照／ネックレス130SRA(アジャスター付)×1本／丸カン×1個／ミール皿カン付(丸)×1個／リーフ型パーツ1個

【46材料】花びら用布3㎝角×約24枚／花芯…小ペップ[白]11粒／直径2.5㎝合皮×1枚／菊座付リング台×1個

【つまみ方・作り方】43～45＝p.35「庚申バラ」、46＝p.41「袋つまみ」(花芯p.17を参照)●金具の貼り方、チェーン下がりの作り方はp.66-67を参照。●46はボンドが完全に乾いたらCDケースからはがして裏に合皮を貼り、接着剤でリング台を貼る。

[布の種類・できあがり図]

43

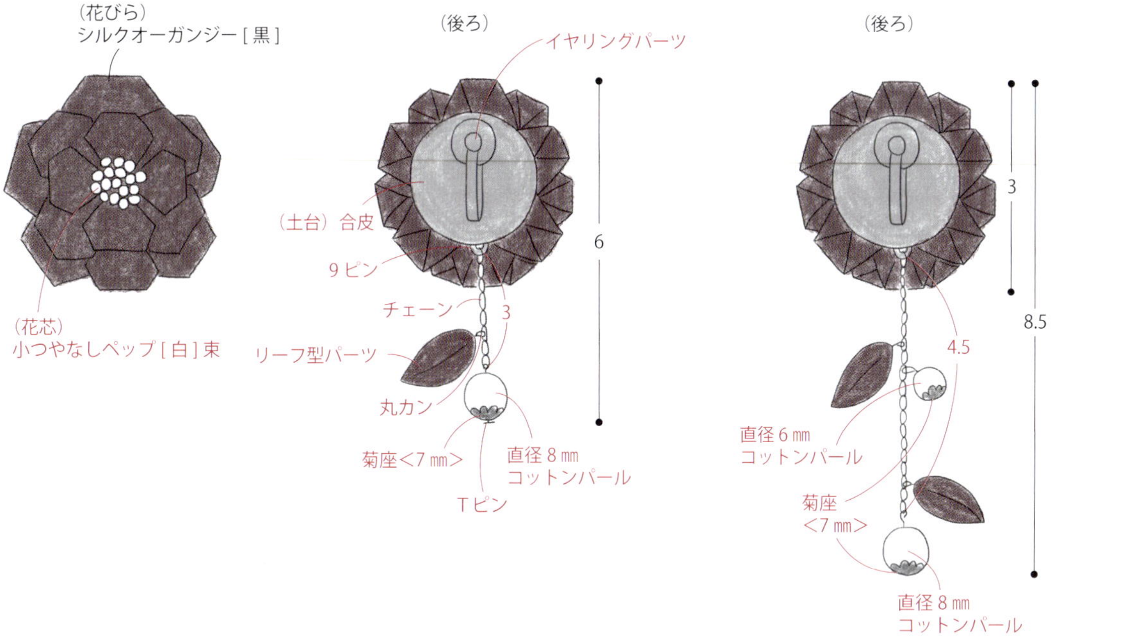

44

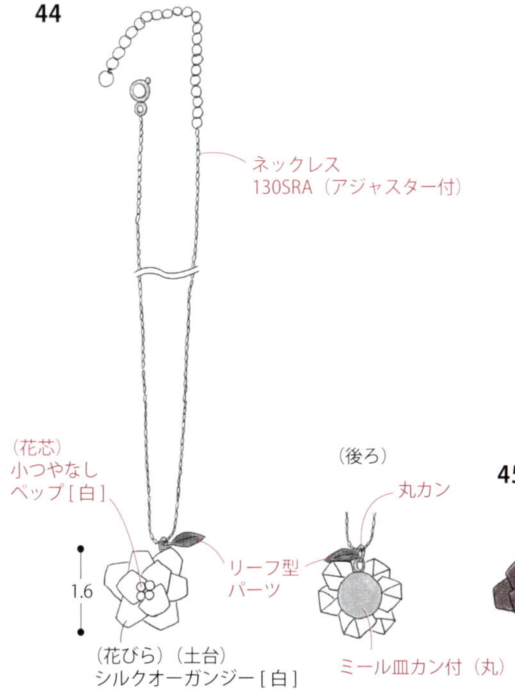

45

46

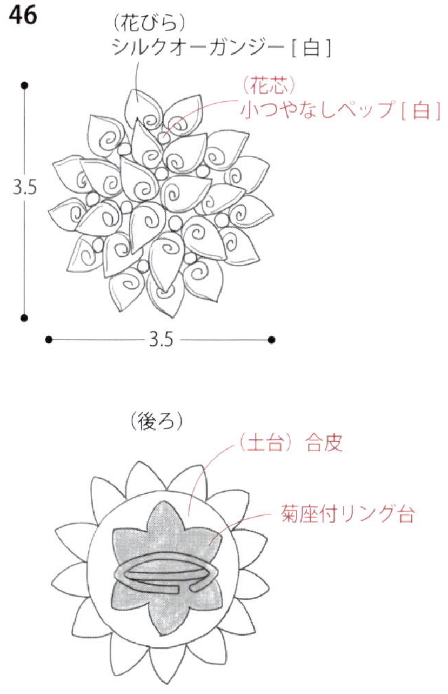

p .46

コスモスのブローチ

★★☆

【A～C花材料】(1点分) 土台…直径2㎝合皮×1枚／花びら用布4㎝角×8枚／花芯…中ペップ[黄色]適量
【D花材料】土台…直径2㎝合皮×1枚／花びら用布3㎝角×8枚／花芯…中ペップ[黄色]適量
【葉材料】土台布(4×3㎝)×6枚／葉用布3㎝角×16枚
【つぼみ材料】(1点分) 花びら用布3㎝角×3枚／がく用布3㎝角×2枚
【まとめ用材料】ワイヤー(#24) 13㎝×9本／2Wayクリップピン×1個／直径3.5㎝厚紙×1枚／直径5㎝黒コットン×1枚
【つまみ方・作り方】花＝p.27「ひまわり」(コスモス) ※花びらガイドシート8枚用(花芯p.17)「ペップを束にして飾る」、葉＝p.42「つまみの葉」(剣)
●先に花の台を作り、花びらは合皮の上に直接葺く。●ワイヤー台の作り方、まとめ方はp.68-69を参照。

[布の種類]

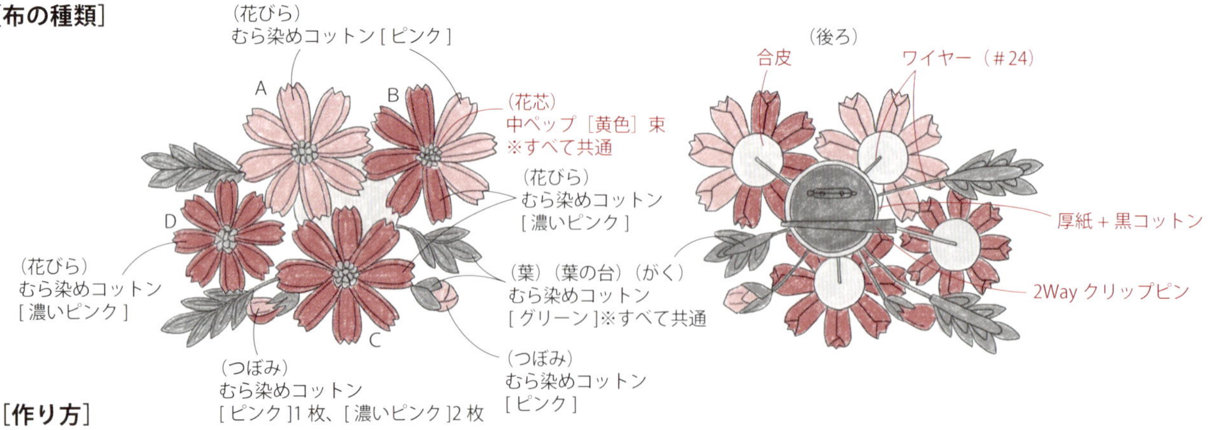

[作り方]

1. つぼみを作る

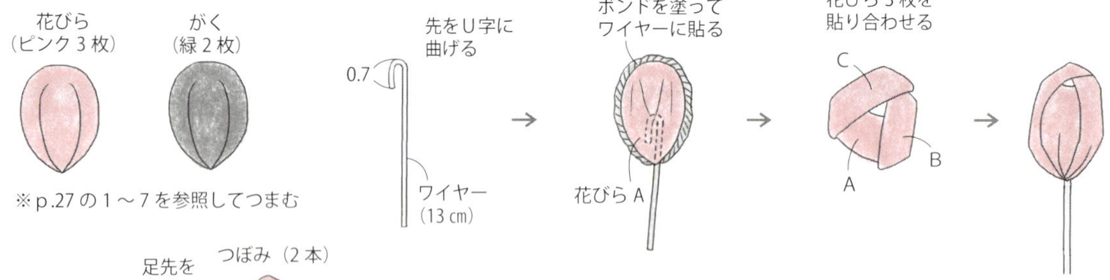

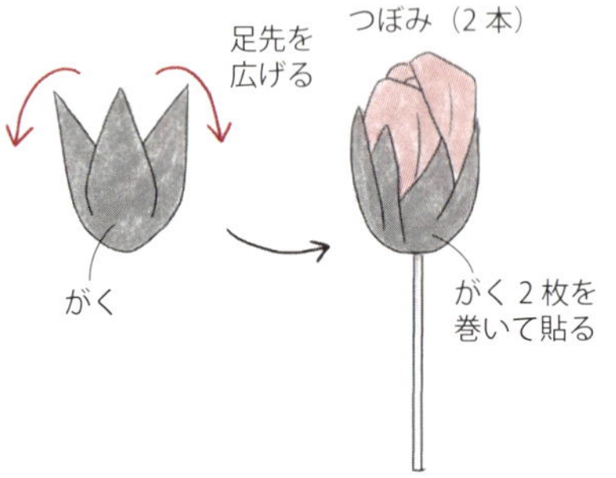

2. 花を作る

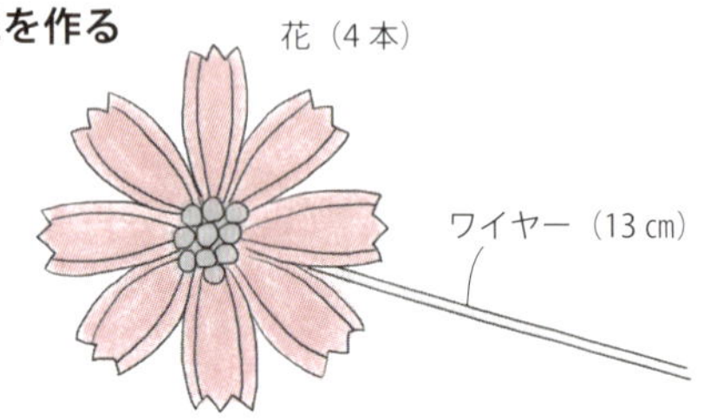

3. 葉を作る

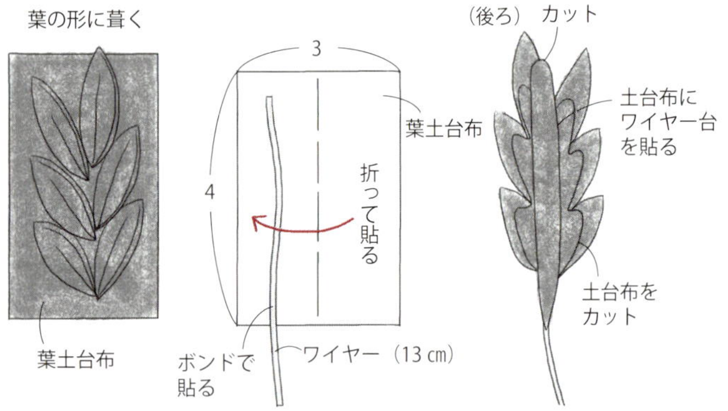

4. まとめる

[できあがり図]

p .47
サンキャッチャー
★☆☆

【花材料】(1点分) 土台布4㎝角×1枚／花びら用布3㎝角×8枚(A～D・G・H)、内布・外布×各8枚(E・F)／花芯…直径4㎜パールビーズ6個

【まとめ用材料】ナイロンコードワイヤー［ホワイト］70㎝×1本／つぶし玉×15個／クリスタルビーズ…直径6㎜×8個、直径8㎜×5個、直径10㎜×2個／直径30㎜クリスタル×1個

【つまみ方・作り方】A～D・G・H＝p.29「基本の剣つまみ」、E・F＝p.31「二重の剣つまみ」※花びらガイドシート8枚用(花芯p.17)「ビーズを円にして飾る」●つぶし玉の使い方はp.67を参照。

［布の種類］

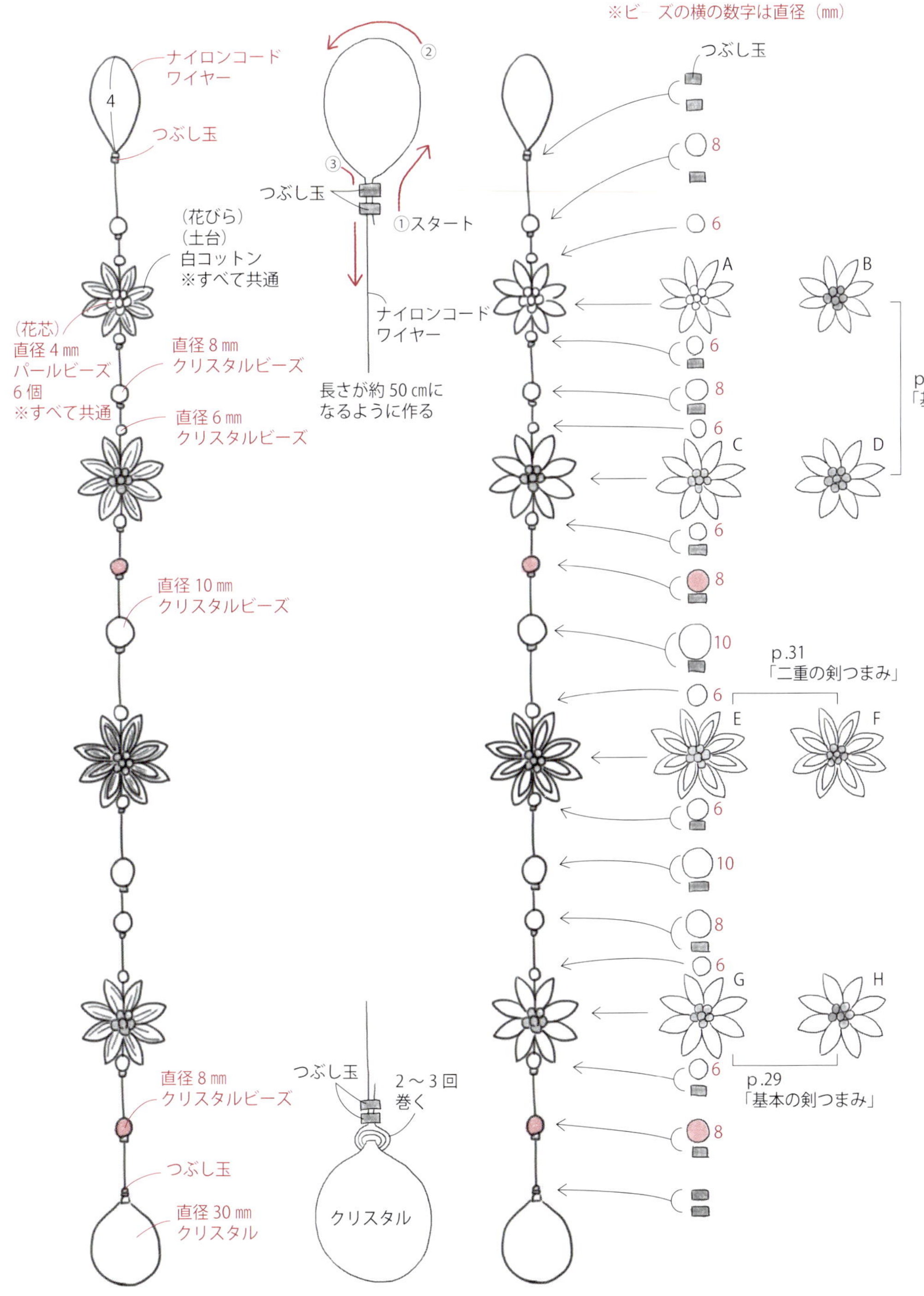

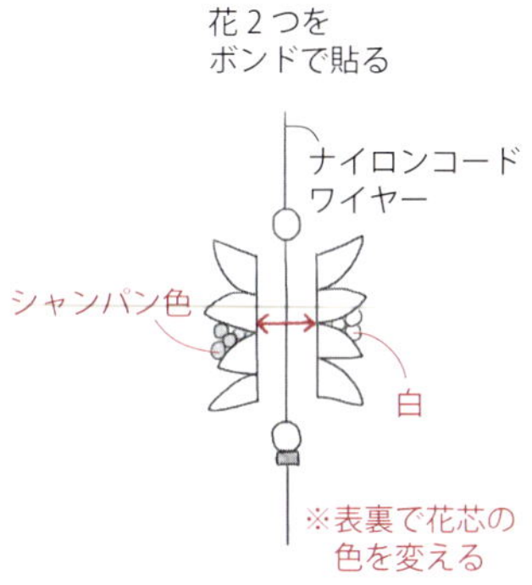

［できあがり図］

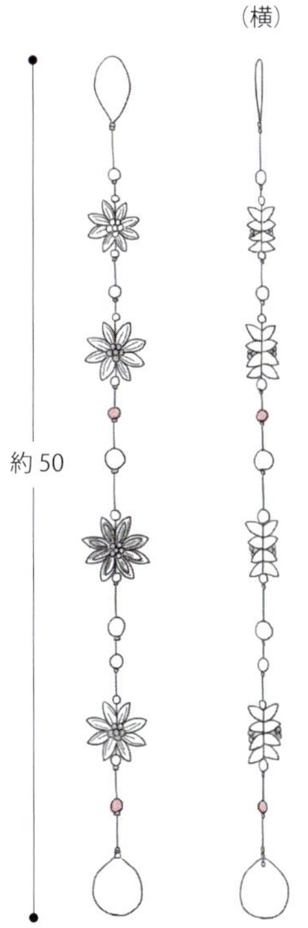

p .48
リース ★★★

【A～F花材料】(1点分) 土台布4㎝角×1枚／花びら用布3㎝角×5枚(A･C･E)、8枚(B･D･F)／花芯…直径4㎜ビーズ×6個(A～D･F)、直径10㎜パールビーズ×1個(E)
【G花材料】土台布4㎝角×1枚／花びら用布…(1段目) 3㎝角×12枚、(2段目) 2.4㎝角×8枚／花芯…直径4㎜パールビーズ×6個
【まとめ・チェーン下がり用材料】直径1.5㎝合皮×7枚／ワイヤー(＃24) 13㎝×7本／直径3.5㎝厚紙×1枚／直径5㎝黒コットン×1枚／2Wayクリップピン×1個／ヒキワ・丸カン×各1個／チェーン4㎝×1本／直径6㎜アクリルカットビーズ×5個／直径10㎜パールビーズ×1個／丸小ビーズ×5個／金ビーズ×1個／Tピン×6本／サンキライの枝・ワイヤー適量
【つまみ方・作り方】A･C･E＝p.19「基本の丸つまみ」※花びらガイドシート5枚用、B･D･F＝p.29「基本の剣つまみ」※8枚用、G＝p.31「二段の剣つまみ」※12枚用(花芯p.17) E以外＝「ビーズを円にして飾る」、E＝「1粒ずつビーズを飾る」●ワイヤー台の作り方、まとめ方はp.68-69を参照。●チェーン下がりの作り方はp.67を参照。●リースはサンキライの枝を丸めて端をワイヤーでとめる。

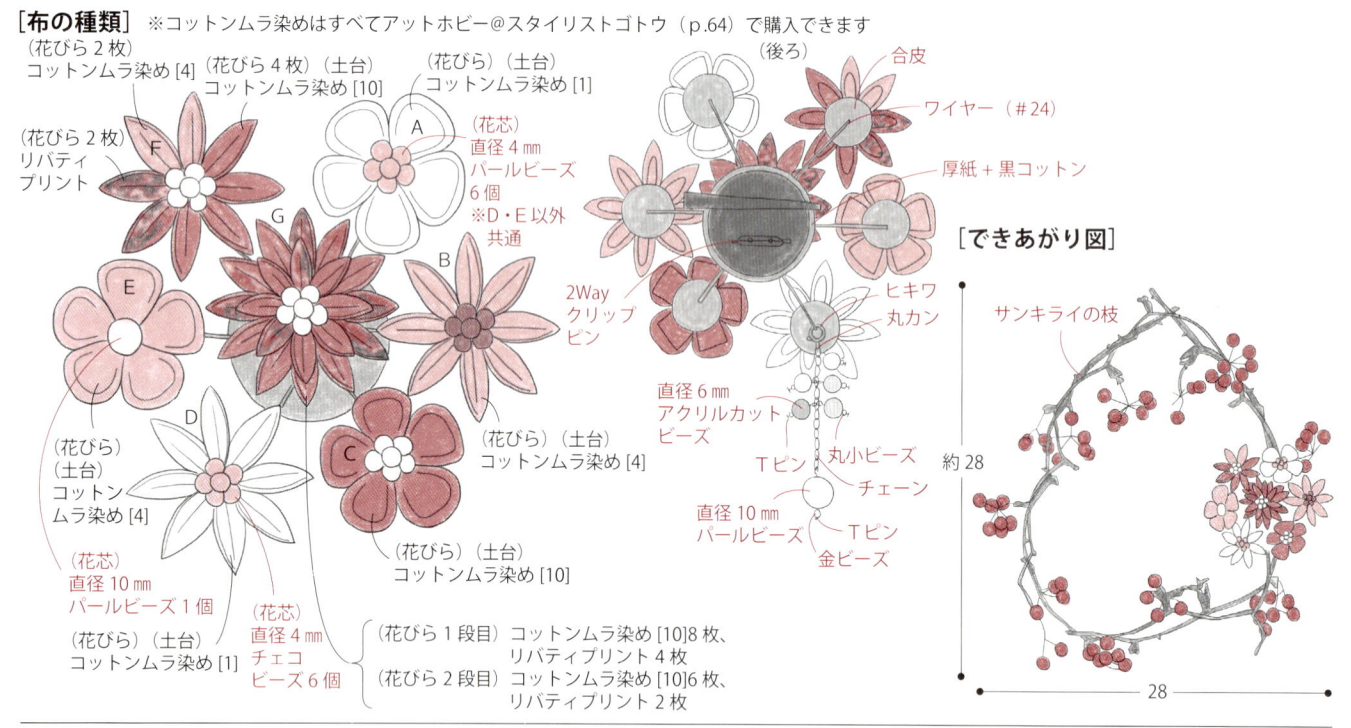

[布の種類] ※コットンムラ染めはすべてアットホビー@スタイリストゴトウ（p.64）で購入できます

[できあがり図]

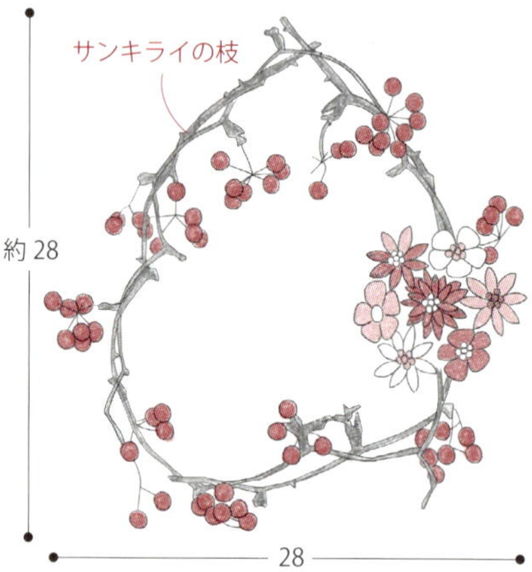

p .48
マグネット ★☆☆

【51～53･55花材料】(1点分) 土台布4㎝角×1枚／花びら用布3㎝角×8枚／花芯…図を参照
【54花材料】土台布5㎝角×1枚／花びら用布…(1･2段目) 3㎝角×20枚、(3段目) 2.5㎝角×6枚／花芯…中ペップ[白]×7粒
【56花材料】土台布5㎝角×1枚／花びら用布…(1段目) 3㎝角内布・外布×各6枚、(2段目) 3㎝角×6枚、(3段目) 2㎝角×6枚／花芯…極小ペップ適量
【51～56共通】(1点分) 直径2㎝マグネット×1個
【つまみ方・作り方】51～53･55＝p.29「基本の剣つまみ」※花びらガイドシート8枚用、54＝p.21「二段の丸つまみ」応用※12枚用、56＝p.25「祝い梅」※6枚用(花芯p.17) 52＝「ビーズを円にして飾る」、53＝「1粒ずつビーズを飾る」、54＝「ペップを飾る」、56＝「ペップを束にして飾る」●51･55の花芯の作り方はp.77を参照。●花モチーフにマグネットを接着剤で貼る。

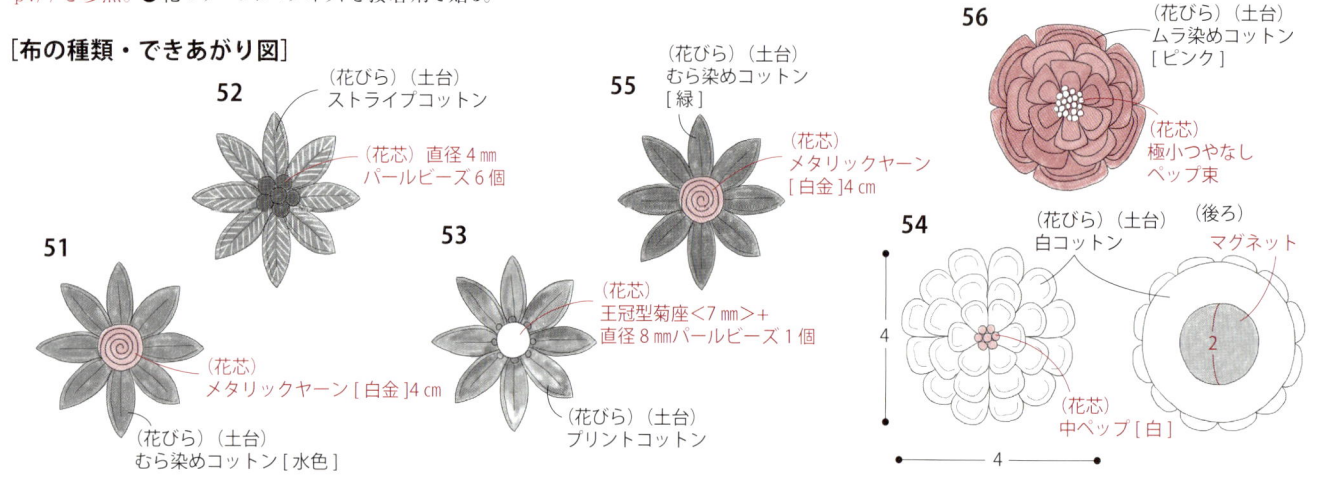

[布の種類・できあがり図]

52

55

56

51

53

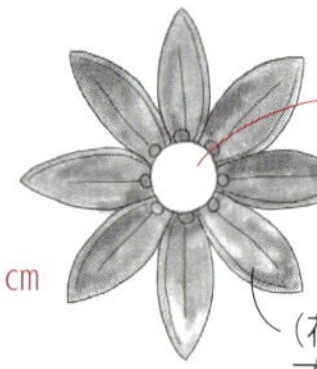

54

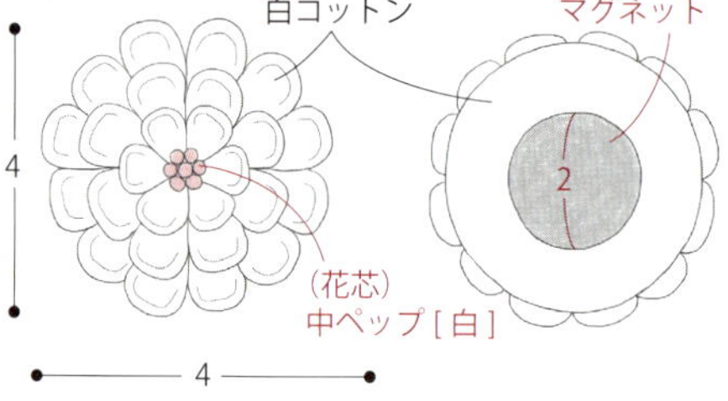

p .49
しめ縄 ★★★

【A～G花材料】(1点分) 土台布4㎝角×1枚／花びら用布3㎝角×5枚(A・C～F)、内布・外布各5枚(B・G)／花芯…図を参照

【H花材料】土台布5㎝角×1枚／花びら用布…(1段目) 3㎝角×9枚、(2段目) 2.4㎝角×6枚／花芯…直径4㎜パールビーズ×6個

【葉材料】葉用布3㎝角×12枚

【まとめ用材料】合皮…直径1.5㎝×5枚、直径2㎝×3枚／葉の台用布3㎝角×2枚／ワイヤー(＃24) 13㎝×12本／2Way クリップピン×1個／直径3.5㎝厚紙×1枚／直径5㎝黒コットン×1枚／市販のしめ縄×1本

【つまみ方・作り方】A・C・D～F＝p.19「基本の丸つまみ」、B・G＝p.21「二重の丸つまみ」※花びらガイドシート5枚用、H＝p.21「二段の丸つまみ」応用、葉＝p.42「三枚葉」(剣)(花芯p.17) A・C～F＝「1粒ずつビーズを飾る」、B・G・H＝「ビーズを輪にして飾る」●ワイヤー台の作り方、まとめ方はp.68-69を参照。

[布の種類] ※ちりめんはすべて布がたり（p.64）で購入できます

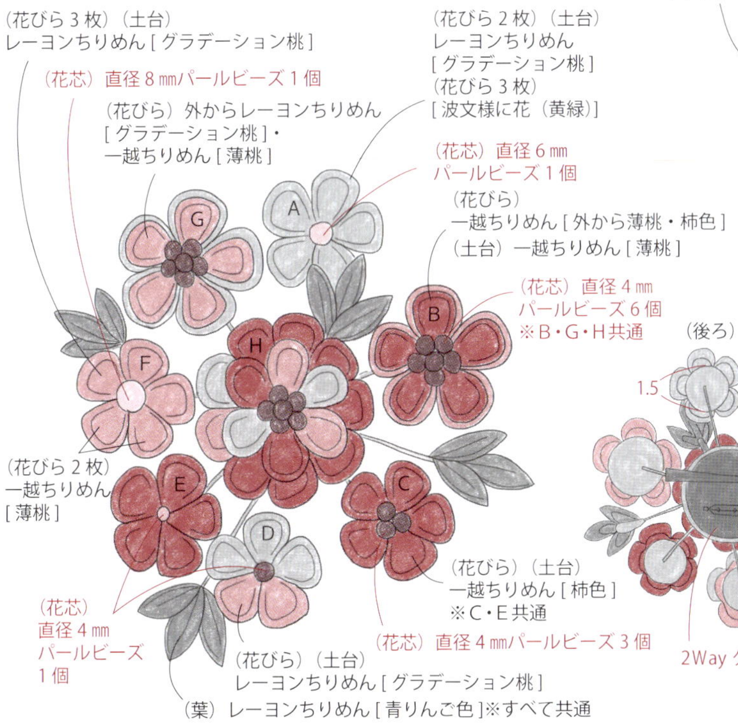

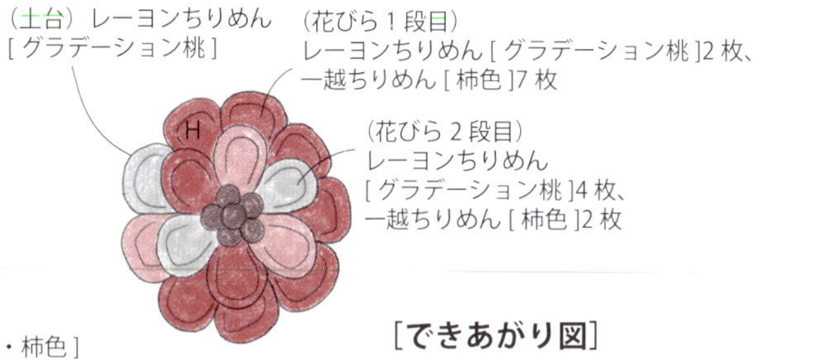

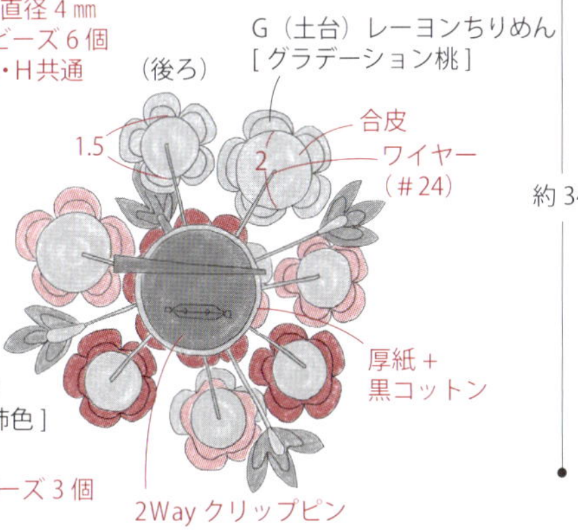

[できあがり図]

p .49
ポチ袋 ★☆☆

【59材料】土台布4㎝角×1枚／紅葉用布2.6㎝角×[朱]8枚・[文子]7枚／花芯…ラインストーン＜SS12＞×1個

【60材料】土台布2.8㎝角×1枚／葉用布1.4㎝角×11枚／丸小ビーズ×16個／ワイヤー(＃24) 2.5㎝×1本

【つまみ方】●59の作り方はp.77を参照(花芯p.17)「1粒ずつビーズを飾る」60＝p.42「つまみの葉」「三枚葉」(丸)

[布の種類・できあがり図] ※羽二重はすべてつまみ堂（p.64）で購入できます。

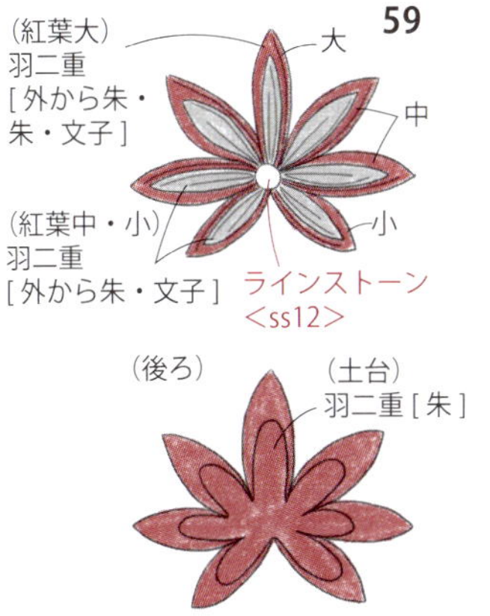

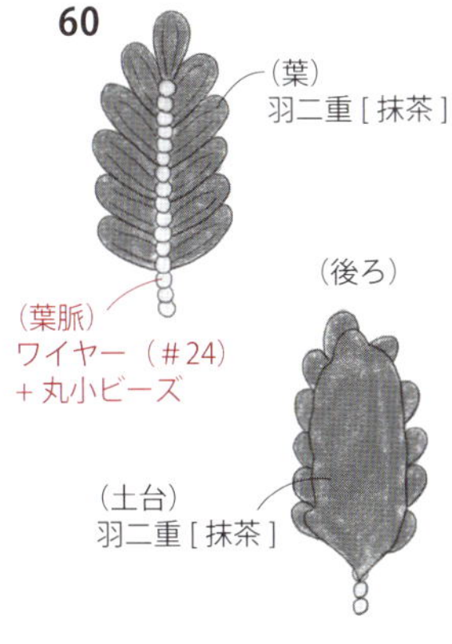

[作り方]

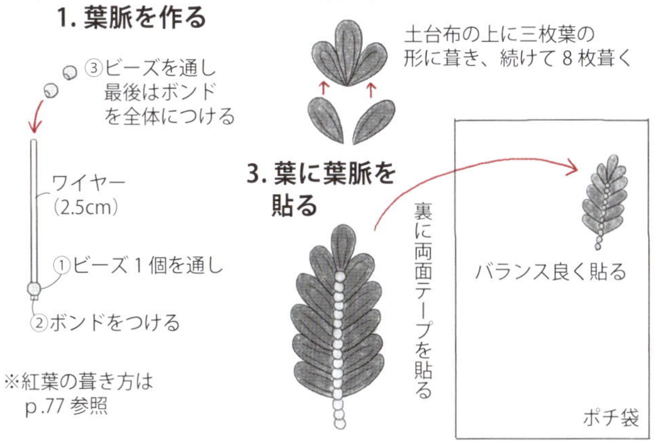

p.50・51

つるし飾り ★★★

【61花材料】(1点分) 土台布4㎝角×1枚(a・b) ／花びら用布3㎝角×8枚(a大)、内布・外布×各8枚(b)、1枚(c大) ／花びら用布2㎝角×8枚(a小)、1枚(c小) ／花芯…図を参照

【62花材料】(1点分) 土台布…5㎝角×1枚(A)、3㎝角×1枚(B～D) ／A花びら用布2㎝角…(1段目)内布・外布×各6枚、(2段目) 6枚／B～D花びら用布2㎝角…内布・外布×各5枚(B・C)、5枚(D) ／A・C・E葉用布2㎝角×1枚／花芯…図を参照

【61・62共通】(1点分) 直径8㎝発砲スチロール球×1個／球に貼る布17㎝角×1枚／竹串×1本／ナイロンコードワイヤー 45㎝×1本／つぶし玉・ビーズ各適量

【つまみ方】61＝p.29「基本の剣つまみ」、p.31「二重の剣つまみ」※花びらガイドシート8枚用、p.42「つまみの葉」(剣) 62＝p.19「基本の丸つまみ」、p.21「二重の丸つまみ」「二段の丸つまみ」応用※5枚用、6枚用、p.42「つまみの葉」(剣) (花芯 p.17を参照)

●つぶし玉の使い方はp.67を参照。

[布の種類] ※花の数は目安です

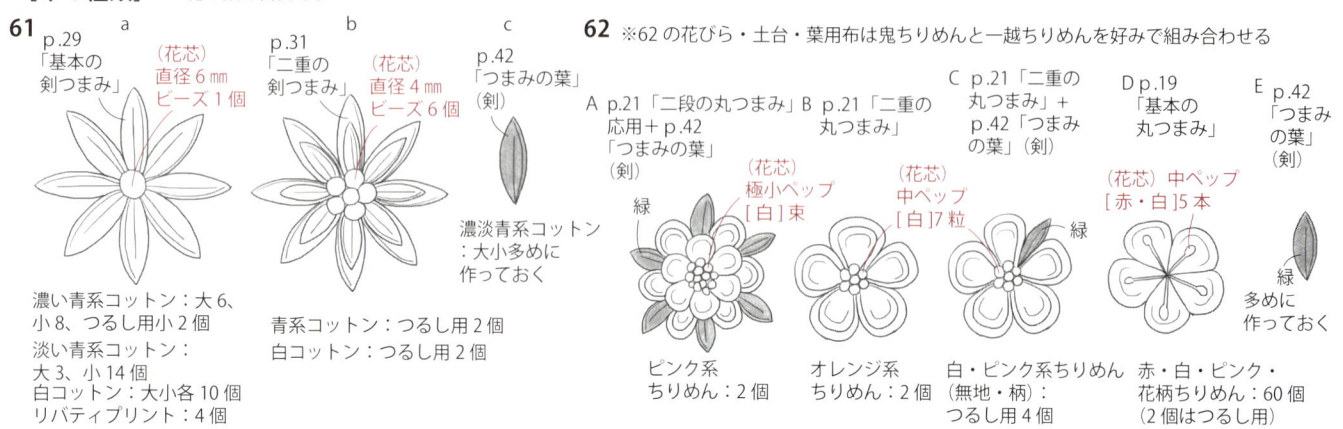

61

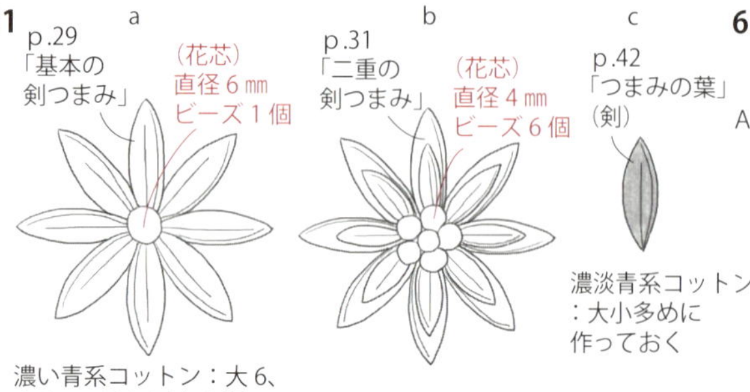

濃い青系コットン：大6、小8、つるし用小2個
淡い青系コットン：大3、小14個
白コットン：大小各10個
リバティプリント：4個

青系コットン：つるし用2個
白コットン：つるし用2個

濃淡青系コットン：大小多めに作っておく

62 ※62の花びら・土台・葉用布は鬼ちりめんと一越ちりめんを好みで組み合わせる

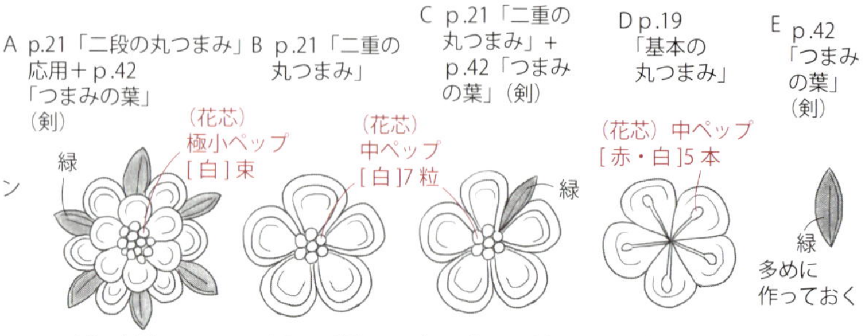

ピンク系ちりめん：2個
オレンジ系ちりめん：2個
白・ピンク系ちりめん(無地・柄)：つるし用4個
赤・白・ピンク・花柄ちりめん：60個(2個はつるし用)
多めに作っておく

[作り方]

1. 土台を作る

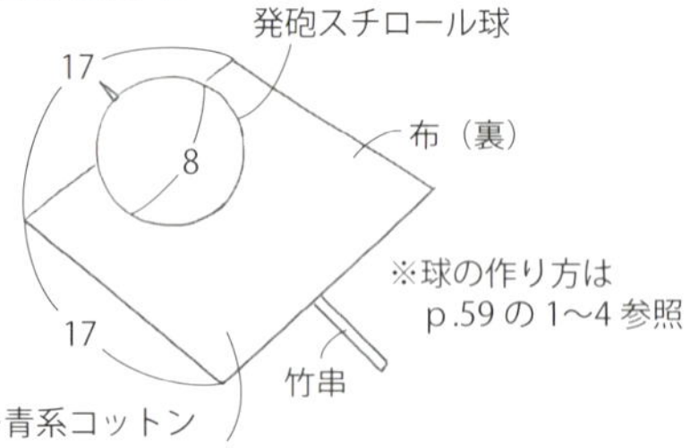

※球の作り方はp.59の1～4参照

61…青系コットン
62…ピンク系ちりめん

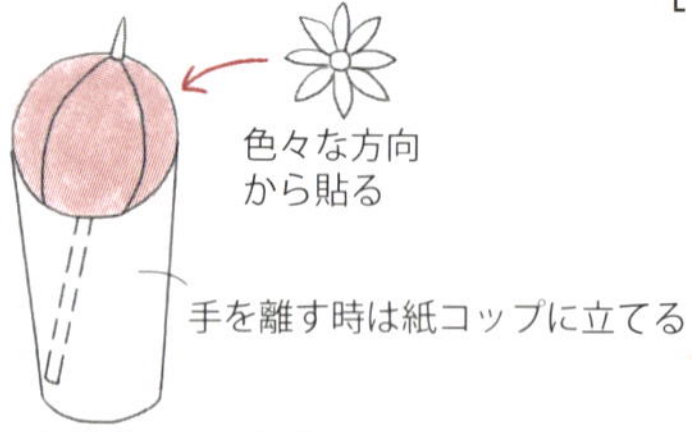

※ボンドが乾くと竹串が抜けなくなるので途中で何度もまわす

2. 花を貼る ※たっぷりののりで貼る ※丸つまみの花びらはしっかり広げる

62 ①A・Bを貼る

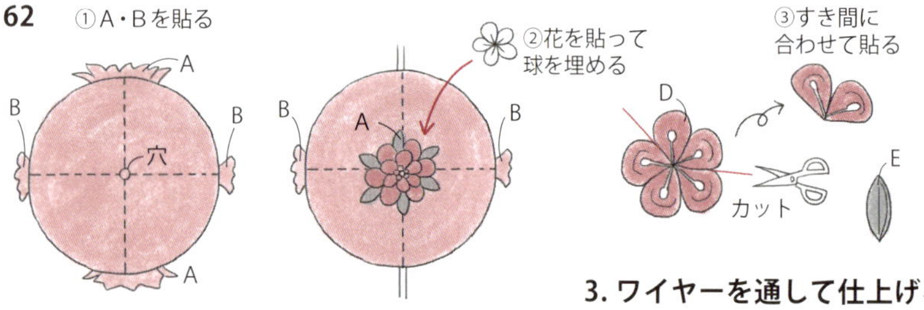

61 ①濃い色の花11個を順番に貼り1周する

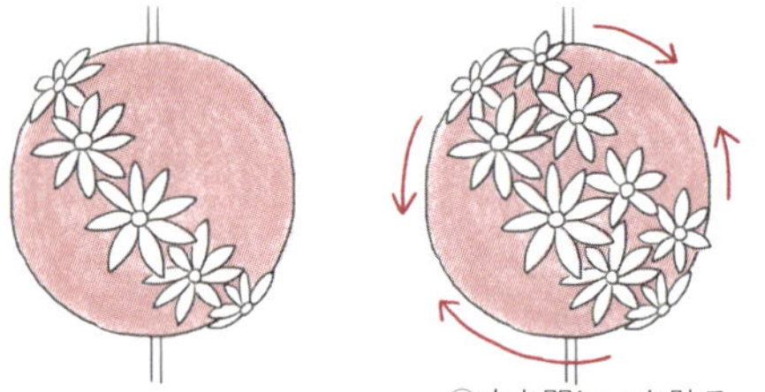

②花を貼って球を埋める
③すき間にcを貼る

3. ワイヤーを通して仕上げる

62.最後の始末

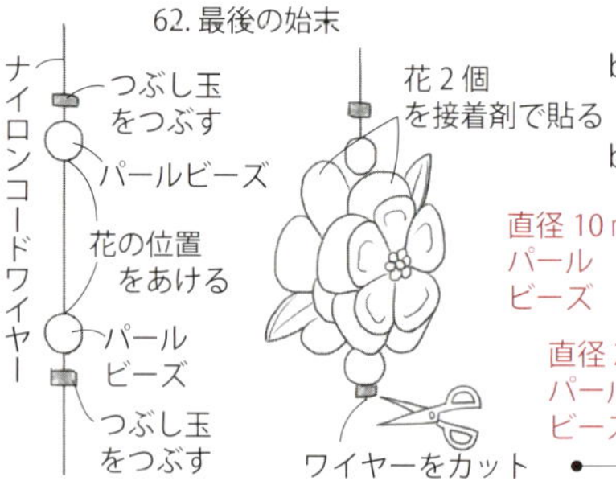

[できあがり図]

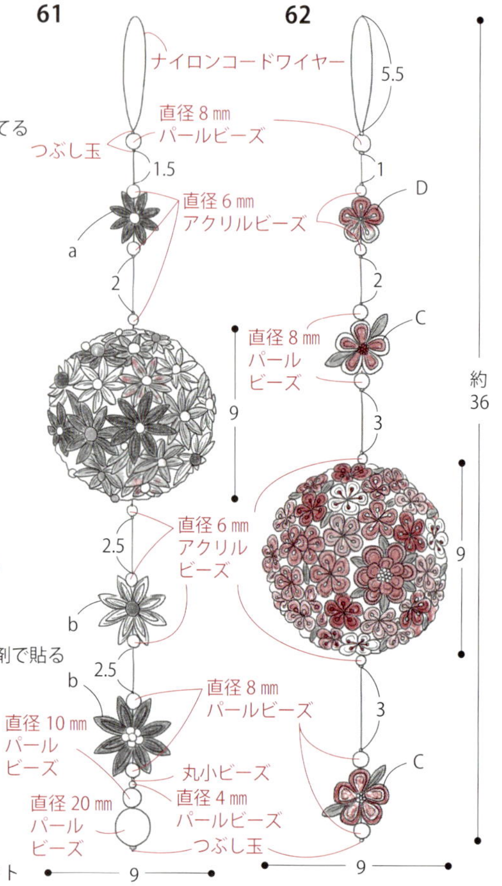

p.57
成人式の髪飾り(68)
★★★

【花材料】(1点分) 土台布3㎝角×1枚／花びら用布2㎝角…内布・外布×各5枚(A)、5枚(B・a)、1枚(C・b)／花芯…図を参照

【まとめ用材料】(1点分) 直径5㎝発泡スチロール球×1個／竹串×1本／球に貼る布10㎝角×1枚／ワイヤー(#24)5㎝×1本／長さ11㎝かんざし×1本／極天糸適量

【下がり材料】葉用布2㎝角×[赤]42枚、[白]21枚／Uピン×1本／ワイヤー(#24)6㎝×3本／メタリックヤーン16.5㎝×3本／ラインストーン〈ss12〉×10個／直径10㎜パールビーズ×3個／金ビーズ×3個／Tピン×3本

【つまみ方・作り方】A=p.21「二重の丸つまみ」、B・C・a・b=p.19「基本の丸つまみ」※花びらガイドシート5枚用、下がり=p.42「下がりの葉」(丸) (花芯p.17) a=「ペップを飾る」●赤の花芯の作り方はp.77を参照。●花の貼り方はp.90を参照。●くま手・下がりの作り方はp.70・80を参照。●Tピンの使い方はp.67を参照。

[布の種類・できあがり図]

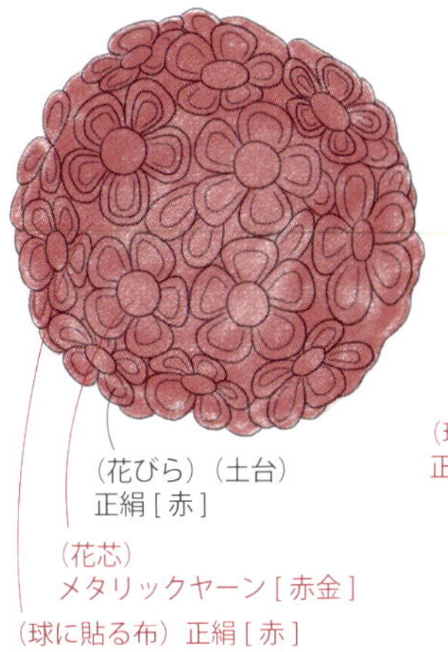

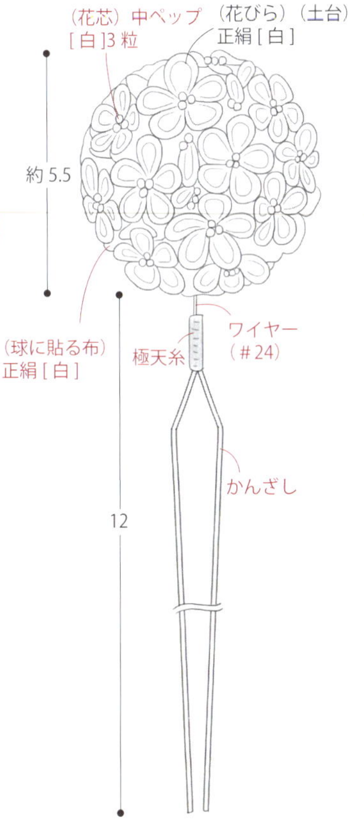

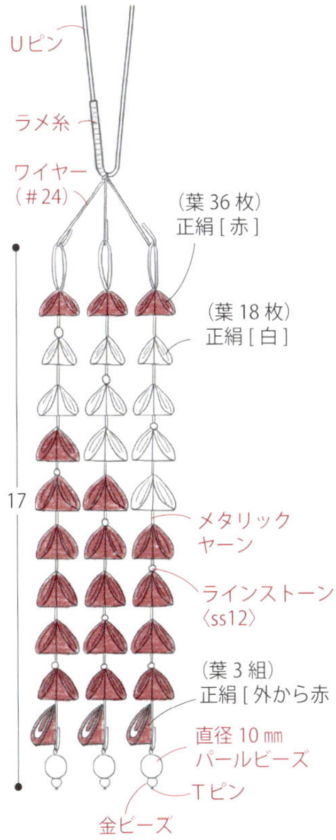

[作り方]

1. 土台の球を作る

※作り方はp.59の1〜4を参照

2. 花を貼る

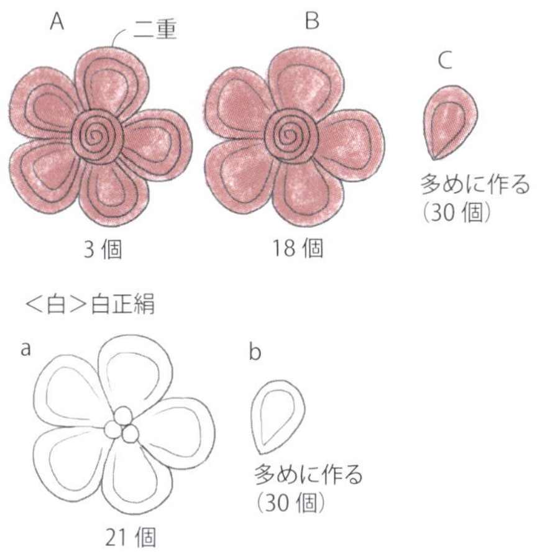

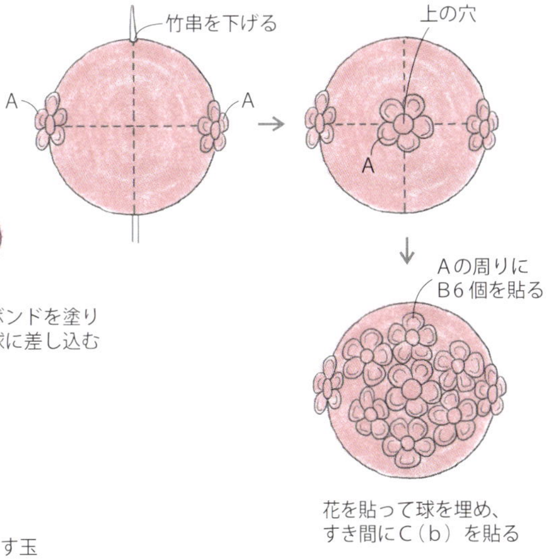

3. かんざしをつける

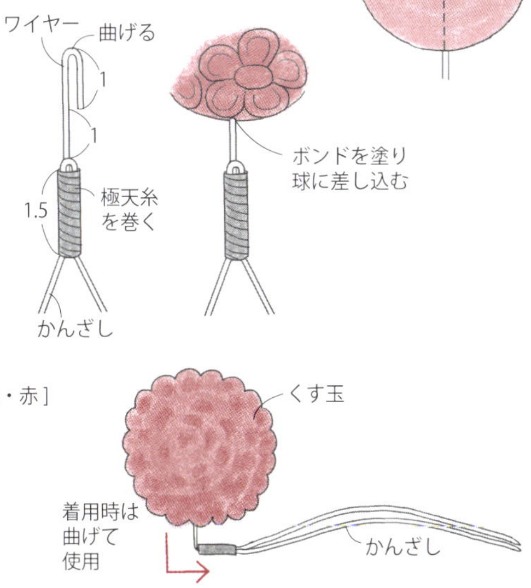

4. 下がりを作る
下がり実物大

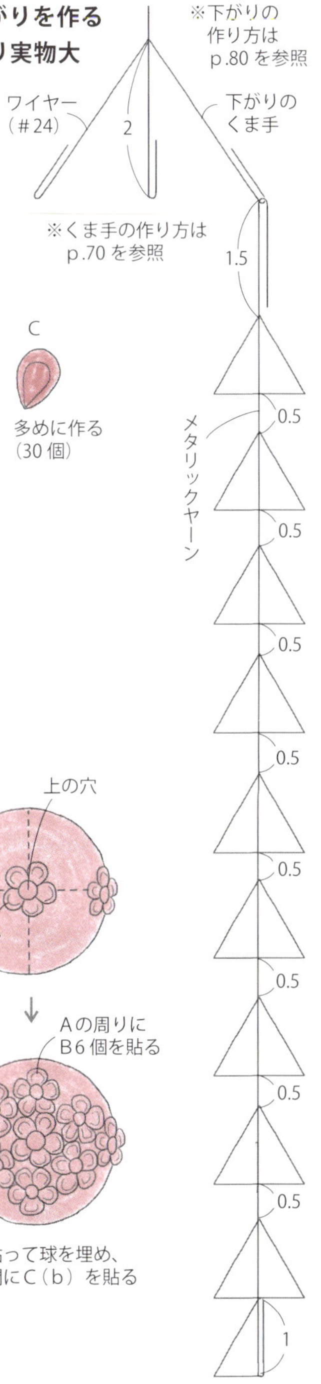

p .55・56

ナチュラルコサージュ

★★★

【A・C・G・a・ろ・は・へ(二重の剣つまみ) 花材料】(1点分) 土台布4㎝角×1枚／花びら用布3㎝角内布・外布×各8枚／花芯…図を参照
【B・E・b・c・e・f・い・に(基本の剣つまみ) 花材料】(1点分) 土台布4㎝角×1枚／花びら用布3㎝角×8枚／花芯…図を参照
【D・d・g・ほ(基本の丸つまみ) 花材料】(1点分) 土台布4㎝角×1枚／花びら用布3㎝角×5枚／花芯…図を参照
【F・と(二重の丸つまみ) 花材料】(1点分) 土台布4㎝角×1枚／花びら用布3㎝角内布・外布×各5枚／花芯…図を参照
【H・h・ち(つゆつきの花) 花材料】(1点分) 土台布5.5㎝角×1枚／中心布1.5㎝角×1枚／花びら用布3㎝角…内布・外布×各10枚(1段目)、8枚(2段目) ／花芯…図を参照
【まとめ用材料】(1点分) ワイヤー (＃24) 13㎝×8本／直径1.5㎝合皮×8枚／直径3.5㎝厚紙×1枚／直径5㎝黒コットン×1枚／2Way クリップピン×1個
【チェーン下がり用材料(64・66)】ヒキワ・丸カン×各1個／チェーン4㎝×1本／直径6㎜パールビーズ×4個(64)、6個(66) ／直径8㎜アクリルカットビーズ×2個(64) ／丸小ビーズ×6個／直径10㎜パールビーズ×1個／金ビーズ×1個／Tピン7本
【つまみ方・作り方】p.19「基本の丸つまみ」、p.21「二重の丸つまみ」※花びらガイドシート5枚用、p.29「基本の剣つまみ」、p.31「二重の剣つまみ」※8枚用、p.33「つゆつきの花」※10枚用(花芯p.17を参照) ●チェーン下がりの作り方、ワイヤー台の作り方、まとめ方はp.67-69参照

[布の種類・できあがり図]

64

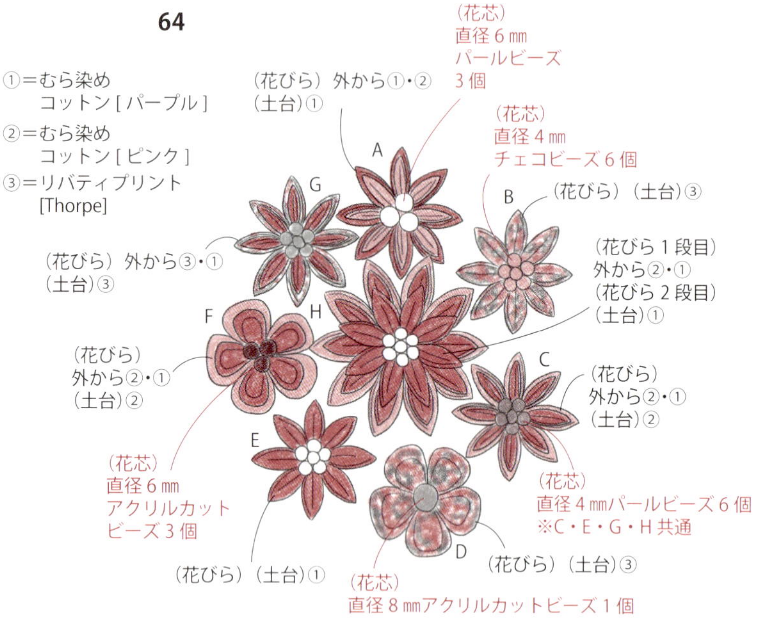

65

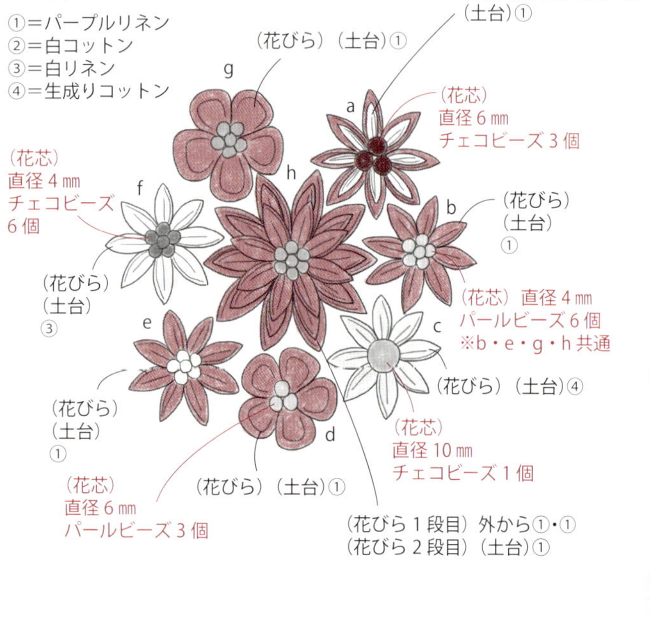

66

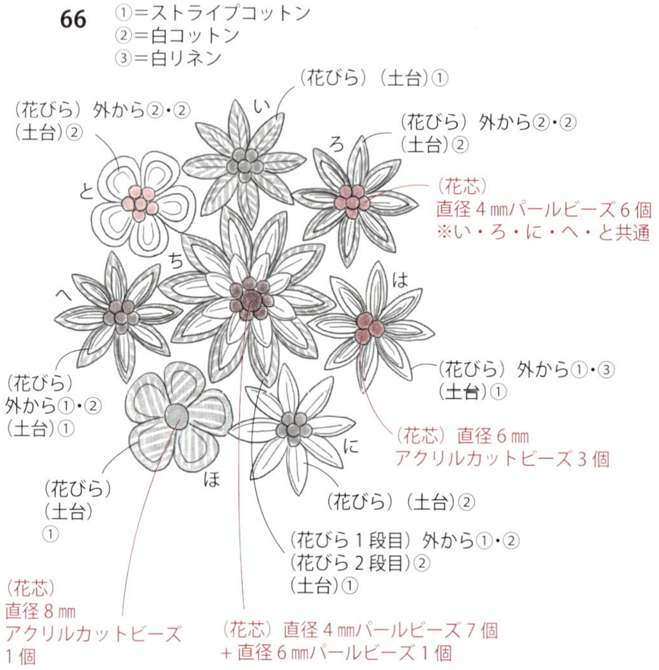

p.57

成人式の髪飾り(67)

★★☆

【A花材料】土台布3cm角×1枚／花びら用布2cm角内布・外布×各5枚／花芯…メタリックヤーン[白金]4cm×1本
【B・D花材料】(1点分)土台布4cm角×1枚／花びら用布3cm角×5枚／花芯…中ペップ適量
【C花材料】土台布4cm角×1枚／1段目花びら用布3cm角内布・外布×各5枚／2段目花びら用布2cm角×5枚／花芯…メタリックヤーン[赤金]4cm×1本
【葉材料】葉用布3cm角×6枚
【まとめ用材料】直径1.5cm合皮×4枚／葉の台用布3cm角×1枚／ワイヤー(#24)13cm×6本／Uピン×1本／極天糸適量
【つまみ方・作り方】A=p.21「二重の剣つまみ」C2段目=p.19「基本の丸つまみ」、B〜D=p.23「ききょう」※花びらガイドシート5枚用、E=p.42「三枚葉」(花芯p.17)B・D=「ペップを束にして飾る」●A・Cの花芯の作り方はp.77を参照。
●ワイヤー台の作り方はp.68、Uピンのつけ方はp.70を参照。

[布の種類・できあがり図] ※一越ちりめんはすべて布がたり(p.64)で購入できます

(後ろ)

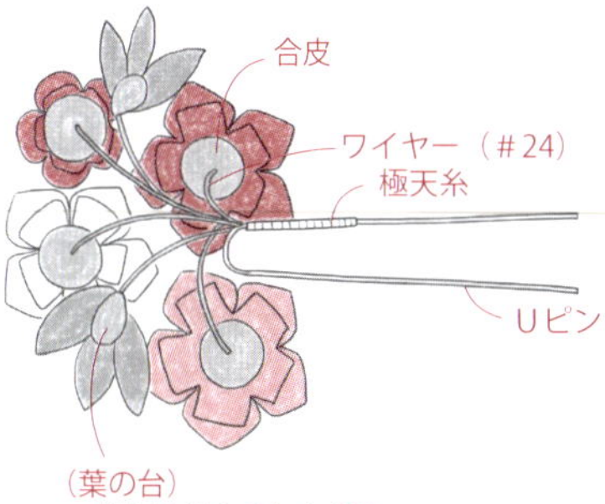

---

p.59

鞠かんざし ★★★

【材料】(1点分)直径2.5cm発泡スチロール球×1個／つまようじ×1本／球に貼る布7cm角×1枚／花びら用布1.5cm角×約90枚／花芯…菊座<7mm>・直径4mmビーズ×各1個／ワイヤー(#24)5cm×1本／Uピン×1本／極天糸適量／ヒキワ・丸カン×各1個／チェーン3.5cm×1本／直径6mmパールビーズ×5個／直径8mmパールビーズ×1個／丸小ビーズ×5個／金ビーズ×1個／Tピン×6本
【つまみ方・作り方】
p.19「基本の丸つまみ」※くす玉の葺き方はp.59を参照●ワイヤーの刺し方はp.91、Uピンのつけ方はp.70を参照。

[布の種類・できあがり図] ※一越ちりめんはすべて布がたり(p.64)で購入できます

74

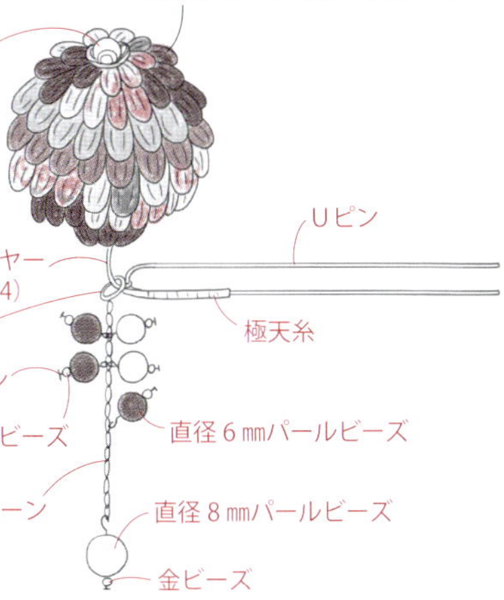

(上から)

(下から)

(横から)

※花びらの枚数は目安です

花びら8枚(1段目)
16枚(2)
16枚(3)
16枚(4)
16枚(5)
13枚(6)
5枚(7)

75 ※花びらの枚数は目安です

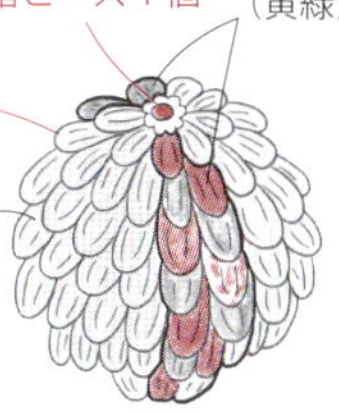

p .58

七五三の髪飾り ★★★

【69・70- A(つゆつきの花応用) 花材料】(1点分) 土台布5cm角×1枚／中心布1.2cm角×1枚／1段目花びら用布3cm角内布・外布×各5枚／葉用布・2段目花びら用布2.6cm角×各5枚／花芯…図を参照

【B～E(基本の丸つまみ) 花材料】(1点分) 土台布4cm角×1枚／花びら用布3cm角×5枚(C～E)、4枚(B) ／花芯…図を参照

【F(二重・二段の丸つまみ) 花材料】(1点分) 土台布4cm角×1枚／1段目花びら用布3cm角内布・外布×各4枚／2段目花びら用布1.8cm角×3枚／花芯…中ペップ[白]×3粒

【69まとめ用材料】ツノつきスリーピン×1本／12枚銀ビラ×1本／直径2cm合皮×1枚／ワイヤー（＃24）10cm×1本／極天糸適量

【70まとめ用材料】2Way クリップピン×1個／合皮…直径1.5cm×5枚、直径2cm×1枚／ワイヤー（＃24）13cm×6本／直径3.5cm厚紙×1枚／直径5cm黒コットン×1枚

【下がり材料】葉用布3cm角×15枚／Uピン×1本／ワイヤー（＃24）6cm×3本／メタリックヤーン12.5cm×3本／鈴×3個／極天糸適量

【つまみ方・作り方】69・70- A=p.33「つゆつきの花」応用(二重の丸つまみと葉で1段目を葺き、基本の丸つまみで二段目を葺く) ※花びらガイドシート10枚用、B～E=p.19「基本の丸つまみ」※5枚用、F=p.21「二重の丸つまみ」「二段の丸つまみ」、葉=p.42「つまみの葉」(剣)(花芯p.17)「1粒ずつビーズを飾る」「ビーズを円にして飾る」「ペップを飾る」●72・73も上記材料と図を参照して同様に作る。c・f・ほ・への葉はすべて3cm角。●ワイヤー台、70の作り方、69の作り方はp 68-70を参照。●下がりの作り方はp.70・80を参照。

［布の種類・できあがり図］ ※花びら・土台・葉用布は指定以外一越ちりめん
※レーヨンちりめん・一越ちりめんは布がたり（p.64）で購入できます

69（赤）

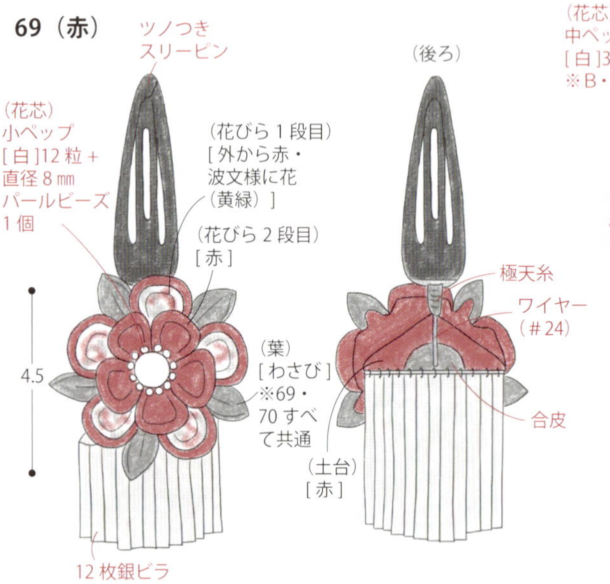

70

71～73
下がり実物大

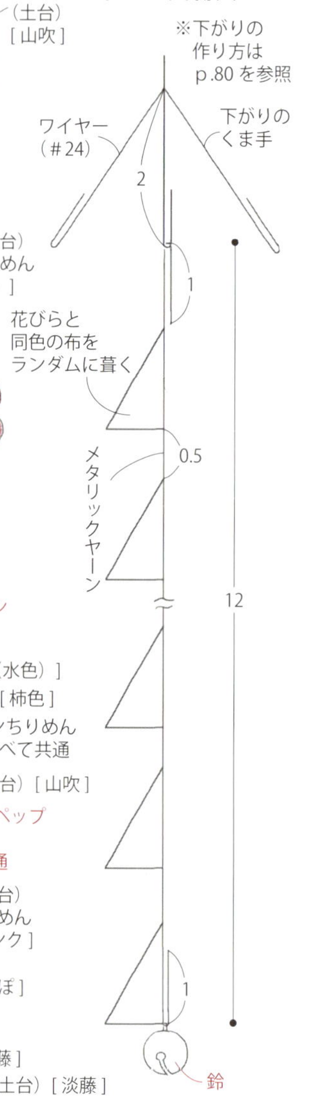

72（オレンジ）

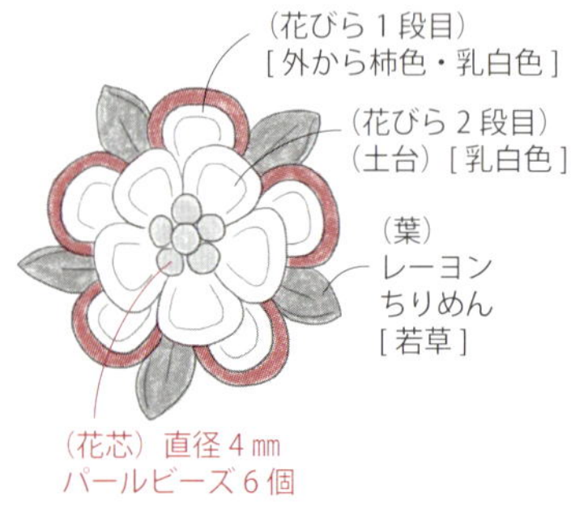

73（紫）

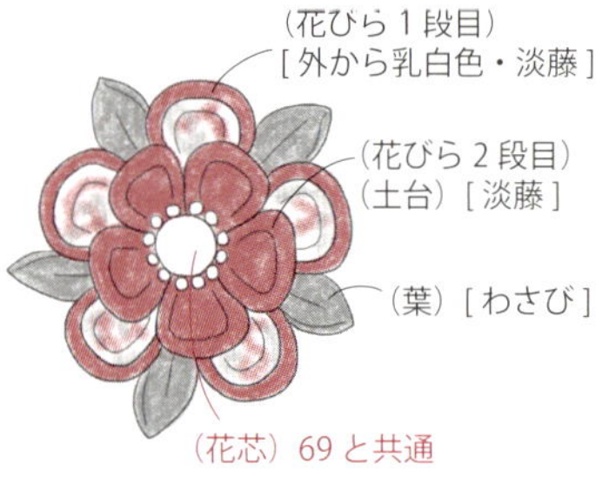

p .60・61

ウェディングブーケ

★★★

【材料】ブーケ台（松村アクア㈱ブライディネットBタイプ）×1個／直径1.5 cm合皮・ワイヤー（＃24）13 cm×花の数／造花・ワイヤープランツ・リボン・レース適量※花の材料は各つまみ方ページと図を参照。

【つまみ方・作り方】つまみ方頁は図を参照（花芯p .17を参照）●ワイヤー台の作り方はp .68を参照。●図の花の数は目安です。およそ大＝6本、中＝9本、小＝11本くらいの割合で好きな花を作り、それぞれワイヤー台につけましょう。あらかじめp .52-53を参照して使用する布の組み合わせを決めておくと便利。76・77の作品にはそれぞれ5～6色の布を使用しています。

［布の種類］ ※花芯はp.17を参照して好みでつける

A 1段目p.31「二重の剣つまみ」・2～4段目p.29「基本の剣つまみ」→p.11「半くすの葺き方」

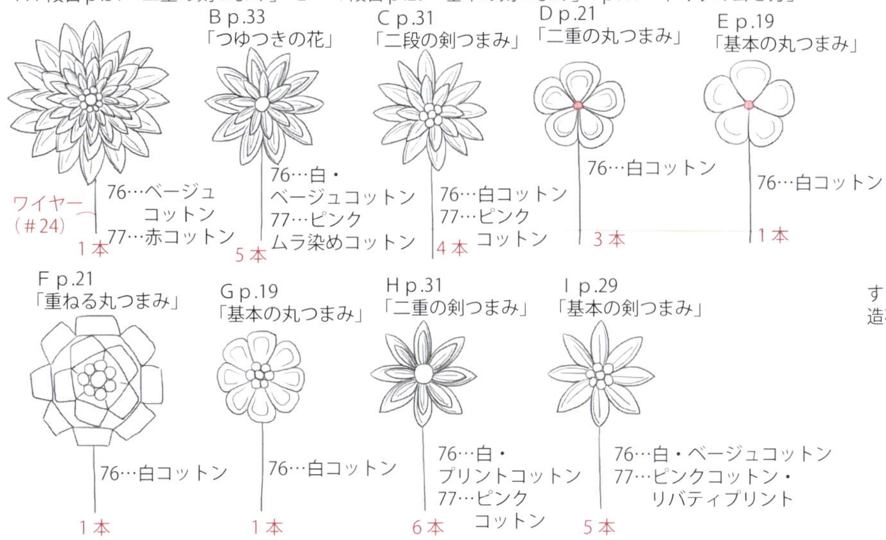

［作り方］ 1.花をさす

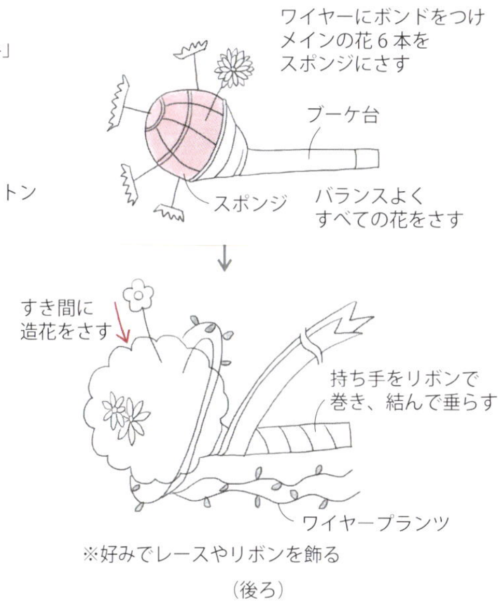

［できあがり図］

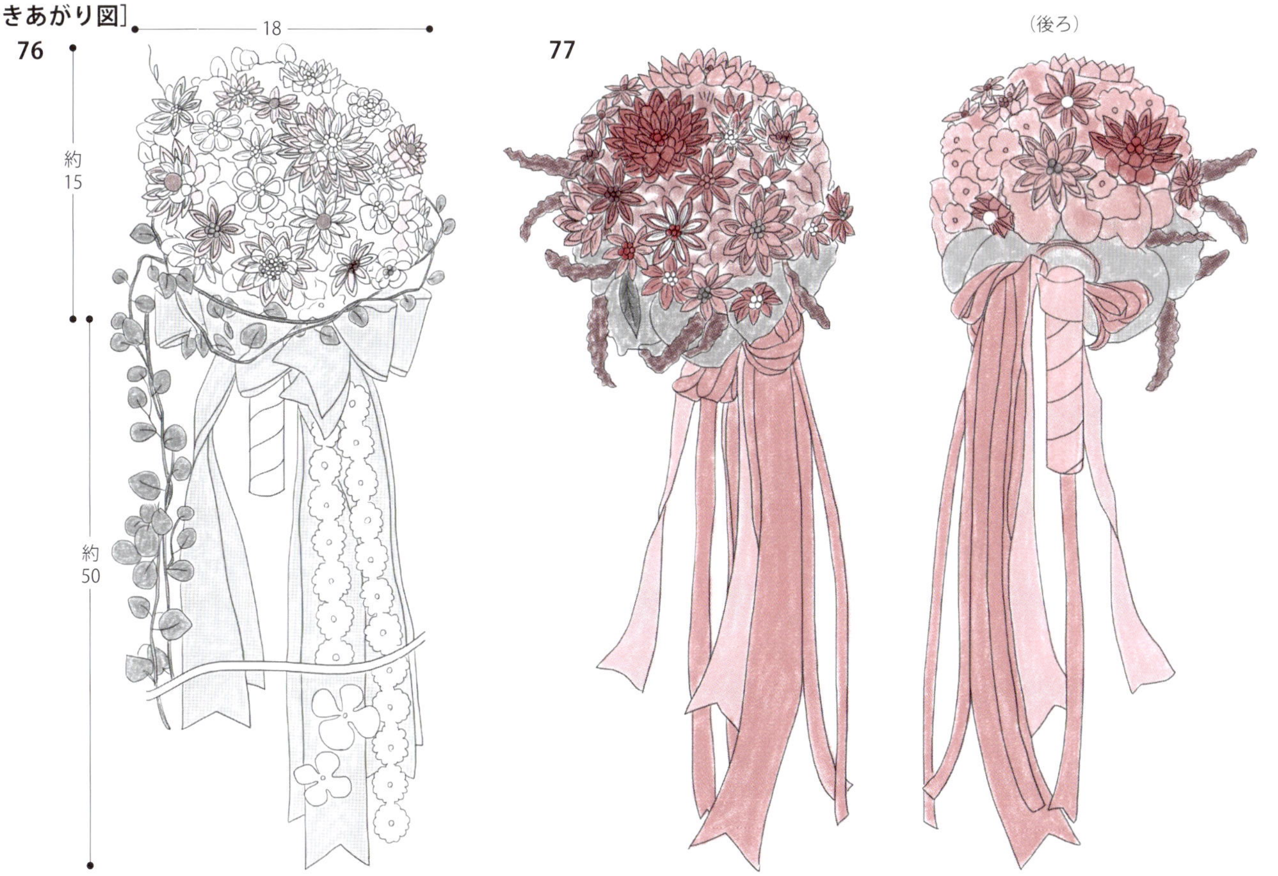

Profile
つゆつき　土《つち》田《だ》由《ゆ》紀《き》子《こ》

京都市在住。下の娘の3歳の七五三の髪飾り作りをきっかけにつまみ細工の繊細さに感動し、本格的に作家活動を開始。
カジュアルラインのオリジナル作品を製作・販売するほか、七五三、成人式用の作品も手がける。
ヴォーグ学園東京校、横浜校、心斎橋校、名古屋校にてつまみ細工講座の講師を担当。
つゆつきのHP　http://tsuyutsuki.jimdo.com/

「つゆつきのつまみ細工」
ISBN978-4-529-05279-5　NV70215
本体 1,200 円＋税　257×210mm ／ 80 ページ
お気に入りの布の端切れや余り布でも楽しめるつまみ細工。家にある道具で手軽にできる方法や、リネンやコットンで作る洋風のつまみ細工など、著者が提案する新しいつまみ細工の楽しみ方がいっぱい詰まった1冊です。洋服にも似合うつまみ細工のアクセサリーから、インテリア小物へのアレンジ、本格的な七五三の髪飾りまで、色違いバリエーションも豊富に紹介。基本の丸つまみ・剣つまみのバリエーションに加え、庚申バラや玉バラ、袋つまみの 12 種類のつまみ方を、わかりやすい写真解説でお届けします。全 49 作品の仕立て方つき。

つゆつきと　晴れの日、卦の日の　つまみ細工

発行日　2015 年 7 月 27 日　第 1 刷
　　　　2020 年 4 月 19 日　第 11 刷
著　者／土田由紀子
発行人／瀬戸信昭
編集人／森岡圭介
発行所／株式会社 日本ヴォーグ社
〒 164-8705
東京都中野区弥生町 5-6-11
Tel.／編集 03-3383-0634　販売 03-3383-0628
振替／ 00170-4-9877
出版受注センター／ Tel.03-3383-0650　Fax.03-3383-0680
印刷所／株式会社 東京印書館
Printed in Japan

ISBN978-4-529-05459-1　C5077
NV70296

【素材協力】
●アットホビー@スタイリストゴトウ　http://www.rakuten.co.jp/stylistgoto/
石川県金沢市藤江北 4-464（駅西店）
Tel.076-267-4801
●貴和製作所　http://www.kiwaseisakujo.jp/
東京都台東区浅草橋 2-1-10　貴和製作所本店ビル 1F-4F（浅草橋本店）
Tel.03-3863-5111（浅草橋本店）
●つまみ堂　http://tsumami-do.com/
東京都台東区浅草橋 3-20-16
Tel.03-3864-8716
●布がたり　http://www.nunogatari.co.jp/
奈良県香芝市下田東 1 丁目 470-1
Tel.0745-78-7558
●（株）リバティジャパン　http://liberty-japan.co.jp/
東京都渋谷区恵比寿南 1-9-6　恵比寿パークプラザ 2F
Tel.03-6412-8320（代表）

【制作協力】
ブーケ制作協力（p.60-61）
LiveLoveFlowers（リブラブフラワーズ）和田知子
http://liveloveflowers.jp/

【撮影協力】
うろこの家グループ
http://kobe-ijinkan.net/
兵庫県神戸市中央区北野町 2-3-18
Tel.0120-888-581

大江戸和子
東京都渋谷区神宮前 4-29-3 表参道ビル B 1
Tel.03-5785-1045
（p .7 かんざし、くし／p .8 下に敷いた古布／p .13 奥に置いた古布／p .28 帯締め／p .34 下に敷いた古布／p .40 帯／p .49 兎の帯留め／モデル着用の着物、小物すべて）

ヘアメイク フェイルリール（長田雅子・郷田里華）
http://ameblo.jp/teru-0609/
兵庫県神戸市中央区磯上通 3-2-25

Staff
ブックデザイン　寺山文恵
撮影　白井由香里
スタイリング　奥田佳奈（Koa Hole inc.）
作り方　鈴木さかえ
イラスト・トレース　小池百合穂
モデル　原田里緒　芹生伊織　芹生綾那
編集　西津美緒

We are grateful.
あなたに感謝しております
手づくりの大好きなあなたが、
この本をお選びくださいましてありがとうございます。
内容はいかがでしたでしょうか？
本書が少しでもお役に立てば、こんなにうれしいことはありません。
日本ヴォーグ社では、手づくりを愛する方とのおつき合いを大切にし、
ご要望におこたえする商品、サービスの実現を常に目標としています。
小社及び出版物について、何かお気付きの点やご意見がございましたら、
何なりとお申し出ください。
そういうあなたに、私共は常に感謝しております。

株式会社日本ヴォーグ社社長　瀬戸信昭
FAX 03-3383-0602